GU RATGEBER GE

DAGMAR VON CRAMM

# Fit und in Form nach dem Baby

- Abnehmen: schnelle Rezepte für jeden Tag
- Figur straffen: sanfte Problemzonengymnastik
- Das ideale Programm für den Alltag mit Baby

G|U

# Inhalt

# Ein Wort zuvor

Das Bild der Mutter in der Öffentlichkeit hat sich verändert: Jung, strahlend schön und dynamisch blickt sie uns von Hochglanz-Covern entgegen. Keine Spur davon, daß ihr Leben auf dem Kopf steht, daß sie ein Kind ausgetragen, geboren und gestillt hat. Ein solches Vor-Bild kann ganz schön frustrieren, wenn man sich nach einer schlaflosen Baby-Nacht morgens im Spiegel anblickt ... Aber es ist auch positiv, daß das Mutterwerden heute nicht mehr als das Ende von Attraktivität und Schönheit gilt. Häufig lernen Frauen dadurch ja erst ihren eigenen Körper richtig kennen – oder haben Sie vorher schon mal was von Ihrem Beckenboden gehört? Lassen Sie sich also nicht von durchgestylten Hochglanz-Müttern stressen, und entziehen Sie sich möglichst diesem unrealistischen Erwartungsdruck. Versuchen Sie vielmehr, selbst herauszufinden, was Ihnen guttut und wie Sie sein möchten:
Sie können auf mehreren Ebenen etwas für sich tun – und dadurch nicht nur attraktiver werden, sondern gleichzeitig Kraft schöpfen. Eine gesunde Ernährung mit Vitaminen, Mineralstoffen und bioaktiven Substanzen sorgt für Vitalität und Wohlbefinden. Wenig Fett läßt außerdem Ihre Pfunde purzeln. Wichtig ist aber auch, daß die aktuellen Erkenntnisse der Ernährungswissenschaft sich einfach in der Küche umsetzen lassen und mit dem Leben einer jungen Mutter vereinbar sind.
Neben der Ernährung sind Bewegung und gezieltes Training für Wohlbefinden und Attraktivität wichtig. Von der Schwangerschaft strapazierte Muskelpartien müssen trainiert und die typischen Fettpolster abgebaut werden – am besten einfach zu Hause, zwischendurch und ohne großen Aufwand auch mal auf die Schnelle. Das tut nicht nur der Linie und der Durchblutung gut, sondern baut auch Ihre Psyche auf, denn Bewegung macht Sie ausgeglichener und zufriedener.
Doch das alles hilft wenig, wenn Ruhe und Schlaf fehlen. Hier sind Organisationstalent und eine gesunde Portion Egoismus gefragt, damit Sie nicht zu kurz kommen. Dabei helfen Entspannungstechniken, Tees und Aromaöle. Ergänzt wird die Ruhe durch gezielte Pflege: von Massage bis Sauna – oder zu Hause mit einfachen, natürlichen Mitteln, die außerdem noch preiswert sind.
In diesem Buch finden Sie praktische Anleitungen für alle Bereiche, wie Ernährung, Gymnastik, Pflege, aber auch die Liebe »danach«.

*Dagmar von Cramm*

# Mit Baby in Form

Die Geburt Ihres Kindes stellt Ihr Leben auf den Kopf: Sie müssen Ihren Rhythmus nach den Bedürfnissen Ihres Babys ausrichten. Sie bekommen wahrscheinlich zuwenig Schlaf und nicht das gesündeste Essen. Vermutlich fehlt es Ihnen an Bewegung und Entspannung, und Sie sind aus Ihrem alten Leben und seinen Bezügen gerissen. Ihr Körper hat durch die Schwangerschaft und Geburt enorme Veränderungen mitgemacht und Höchstleistungen vollbracht. Davon muß er sich erst wieder erholen.
Unterstützen Sie ihn dabei: mit Gymnastik, gesunder Ernährung und Pflege – regelmäßig in Ihrem Alltag und ohne sich dabei zu verausgaben. Aber haben Sie dabei Geduld: Ihr Körper hat sich neun Monate lang verändert – geben Sie ihm genug Zeit, wieder in Form zu kommen.

# Ihr Körper hat sich verändert

Wenn Sie sich nach der Entbindung etwas erholt haben, werden Sie sich selbstkritisch betrachten – und wahrscheinlich enttäuscht feststellen: Ihr Bauch ist fast so rund wie vorher, von Taille kann eigentlich keine Rede sein, und Ihr Busen hat Stillformat. Wer auf die Waage steigt, hat natürlich nicht sein altes Gewicht, sondern etliche Kilos mehr als vor dem Baby. Das wird wahrscheinlich auch in den nächsten Wochen und Monaten so bleiben. Manche Frauen nehmen dann durch das Stillen stark ab, was Haut und Gewebe strapaziert. Andere nehmen eher noch zu. Die Brust hat sich verändert, Schwangerschaftsstreifen, Cellulite, eventuell auch Krampfadern und Hämorrhoiden machen Ihnen vielleicht Probleme. Wenn Sie abstillen, verlieren Sie womöglich viele Haare. Sie sind außerdem oft müde und abgespannt. Viele Mütter leiden in den ersten Wochen oder Monaten unter dem »Baby-Blues«, der sogenannten Wochenbett-Depression. Das alles zeigt: Eine Schwangerschaft läßt sich mit der Geburt nicht abstreifen wie eine alte Haut. Ihr Körper hat sich verändert. Lassen Sie sich davon nicht deprimieren oder verrückt machen: Diese Veränderungen bilden sich mit der Zeit deutlich zurück. Dabei können Sie Ihren Körper aktiv unterstützen. Und damit Ihr Aussehen, Ihre Leistungsfähigkeit und Ihr Selbstbewußtsein wiederfinden – ohne Ihr Muttersein zu verleugnen.

**Die Schwangerschaft hat ihre Spuren hinterlassen**

## Nach der Entbindung: das Wochenbett

Wenn Sie Ihr Kind geboren haben und auch die Nachgeburt, der Mutterkuchen, von Ihrer Gebärmutter ausgestoßen wurde, beginnt das Wochenbett. In dieser Zeit schließen sich die inneren Wunden, und die Organe bilden sich wieder zurück – in erster Linie die Gebärmutter. Sie zieht sich bei den Nachwehen, die beim ersten Kind meist wenig zu spüren sind, wieder zusammen. Rein äußerlich ist diese Zeit durch den Wochenfluß charakterisiert. Das ist das Wundsekret, das die Gebärmutter absondert. Es enthält viele Keime – deshalb sollten Sie in dieser Zeit nur duschen, nicht baden und nach jedem Toilettengang sehr gründlich die Hände waschen. Haben Sie keine Verletzungen im Schei-

**Der Wochenfluß erfordert viel Hygiene**

denbereich, können Sie – nach Rücksprache mit Ihrem Arzt – nach den ersten Tagen Tampons benutzen, sonst brauchen Sie sogenannte Vorlagen oder Binden. Der Dammschnitt kann in dieser Zeit Beschwerden verursachen: Spülen Sie deshalb den Damm nach jedem Stuhlgang mit klarem Wasser. Betrachten Sie das Wochenbett als Auszeit für sich und Ihr Kind. Schonen Sie sich, und grenzen Sie sich ohne schlechtes Gewissen von der täglichen Hektik möglichst ab.

**Wochenbett heißt Schonzeit**

## Was Sie im Wochenbett schon tun können

Vor allem: Setzen Sie sich nicht unter Druck. Sie werden ganz von allein abnehmen – Ihr Körper scheidet zunächst etwa fünf Kilo Flüssigkeit aus. Sie merken das daran, daß Sie häufig auf die Toilette gehen und nachts stark schwitzen. Wichtig ist in den ersten Wochen Rückbildungsgymnastik für Beckenboden und Bauch – mit Rücksicht auf die Rectusdiastase (Seite 12). Denn jetzt reagiert der Körper besonders intensiv auf Training. Auf den Seiten 52 und 53 finden Sie deshalb wichtige Übungen für die ersten drei Wochen. Seien Sie aber behutsam: Noch sind Ihre Bänder und Gelenke durch hormonelle Einwirkung nicht so belastbar, noch sind nicht alle Wunden verheilt. Viel trinken und vollwertig essen baut Sie auf und unterstützt Sie beim Stillen. Sie sollten in dieser Zeit so essen, daß Sie nicht stark abnehmen und Ihre Milchbildung nicht leidet. Je mehr Ruhe und Schlaf Sie sich jetzt gönnen, desto schneller sind Sie wieder fit.

**Das Wochenbett ist keine Fastenzeit**

## Es ist nie zu spät

Vielleicht nehmen Sie dieses Buch aber erst zur Hand, nachdem Ihr Baby schon seinen ersten Geburtstag gefeiert hat und Sie noch immer nicht Ihr altes Gewicht wiederhaben. Machen Sie sich keine Vorwürfe: Vielen Frauen fehlt nach der großen Lebensumstellung die Kraft und Disziplin, etwas für den eigenen Körper zu tun. Manche möchten auch noch nicht abnehmen, während sie stillen (Seite 13). Vielleicht stecken Sie in einem Teufelskreis: Vor lauter Erschöpfung vernachlässigen Sie Ihre Ernährung, Bewegung und Erholung – und bauen immer mehr ab. Wenn Sie das Gefühl haben, Sie schaffen es nicht alleine, holen Sie sich Unterstützung von Ihrem Mann, Ihrer Mutter oder Freundin. Denn ausreichend Ruhephasen, Gymnastik und die richtige Ernährung wirken auch Monate nach der Entbindung kleine Wunder.

# Der Beckenboden

Wahrscheinlich haben Sie die Beckenboden-Muskulatur schon während der Geburtsvorbereitung kennengelernt: Wie eine Hängematte trägt sie die inneren Organe: Blase, Gebärmutter und Darm. Durch das Gewicht des Babys und die hormonelle Einwirkung ist der Beckenboden nach der Entbindung ausgedehnt wie ein Gummiband. Ihn wieder zu kräftigen, ist sehr wichtig. Denn eine schwache Muskulatur des Beckenbodens führt langfristig zur Senkung der inneren Organe. Das hat wiederum andere unangenehme Folgen: Beim Niesen, Husten oder bei körperlicher Anstrengung können ungewollt Urintröpfchen austreten. Das heißt Streß-Inkontinenz und kann auch in den ersten Wochen nach der Entbindung auftreten. Außerdem ist die sexuelle Erlebnisfähigkeit eng mit der Stärke der Beckenboden-Muskulatur verknüpft. Je bewußter Sie diesen Muskel spüren und trainieren, desto größer wird Ihre sexuelle Empfindungsfähigkeit.

**Beckenbodentraining für besseren Sex**

## Probleme mit Damm oder Hämorrhoiden?

Vielen Frauen wurde bei der Geburt der Damm geschnitten, oder er ist gerissen. Doch trotz dieser Wunden an den empfindlichsten Stellen Ihres Körpers dürften Sie eigentlich nur vorübergehende Beschwerden haben: Regelmäßige Sitzbäder und Spülungen mit klarem Wasser beschleunigen den Heilungsprozeß. Haben Sie stärkere und längere Beschwerden, unbedingt mit dem Arzt besprechen, denn das muß nicht sein.

Problematisch können auch Hämorrhoiden sein – die »Krampfadern am Po«. Das gesunde Adergeflecht um den After ist eigentlich da, um ihn wie ein Polster abzudichten. Durch hormonellen Einfluß können die Adern in der Schwangerschaft weich werden, und durch den Druck der Gebärmutter kann es dann zu den schmerzhaften Ausstülpungen kommen. Meist verschwinden sie im Laufe eines halben Jahres nach der Geburt wieder. Bis dahin hilft ballaststoffreiche Kost (Tabelle Seite 22/23) für eine weiche Verdauung; Packungen aus speziellen Salben, die Sie auf Kompressen gegen den After drücken, und Beckenbodengymnastik unterstützen auch die Rückbildung der Hämorrhoiden. Wenn Sie die Hämorrhoiden behutsam mit den Fingerspitzen in den After zurückschieben, tun sie weniger weh. Bei akuten Schmerzen helfen Eiswürfel in einem nassen Waschhandschuh.

**Ballaststoffe helfen**

### *So spüren Sie Ihren Beckenboden*

Viele Frauen »entdecken« ihren Beckenboden erst in der Schwangerschaft. Die Beckenboden-Muskulatur ist zum Beispiel dann aktiv, wenn Sie auf der Toilette den Harnstrahl unterbrechen. Wissen Sie nicht, ob Sie den richtigen Muskel betätigen? Dann führen Sie einen kleinen Tampon in die Scheide, spannen Sie den Beckenboden an, und versuchen Sie, den Tampon herauszuziehen. Leistet er Widerstand, haben Sie den richtigen Muskel aktiviert.

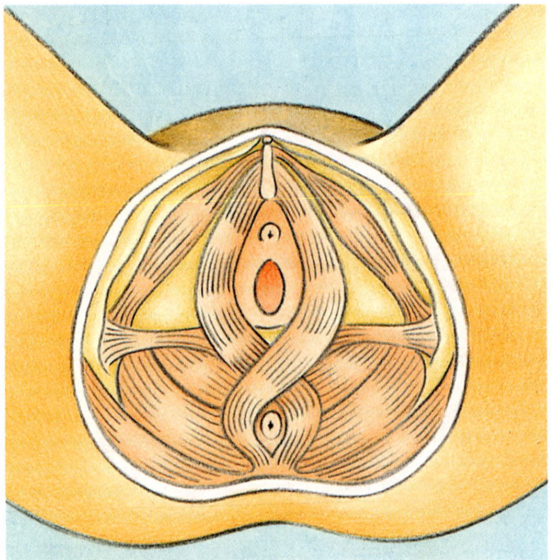

Die Muskulatur stützt die inneren Organe und ist wichtig für die Darm- und Blasenentleerung.

## Trainieren, aber schonen

Trainieren Sie unsichtbar

Der Beckenboden ist der erste Muskel, den Sie nach der Entbindung trainieren sollten – und zwar regelmäßig. Das ist einfach, denn dieses Training ist unsichtbar. Sie sollten es für den Rest Ihres Lebens beibehalten und gleichzeitig alles vermeiden, was den Beckenboden belastet: Pressen Sie nicht beim Stuhlgang, heben Sie keine schweren Lasten. Bevor Sie niesen oder husten, spannen Sie den Beckenboden an.

# Das Bauch-Wunder

Die Dehnbarkeit der Bauchmuskulatur ist in der Tat ein Wunder. Nach der Entbindung sind Sie wahrscheinlich unzufrieden: Der Bauch ist rund, watteweich – und leer. Durch die Unbeweglichkeit der letzten Monate haben sich Speckpolster um Bauch und Taille gelegt. Regelmäßige Gymnastik unterstützt die Rückbildung, löst die Pölsterchen und strafft die Bauchdecke. Dazu werden am Anfang nur die schrägen Bauchmuskeln trainiert, später kommen die geraden dazu. Die Haut braucht meist etwas länger, bis sie wieder straff ist. Massieren Sie sie liebevoll mit Öl (Seite 91).

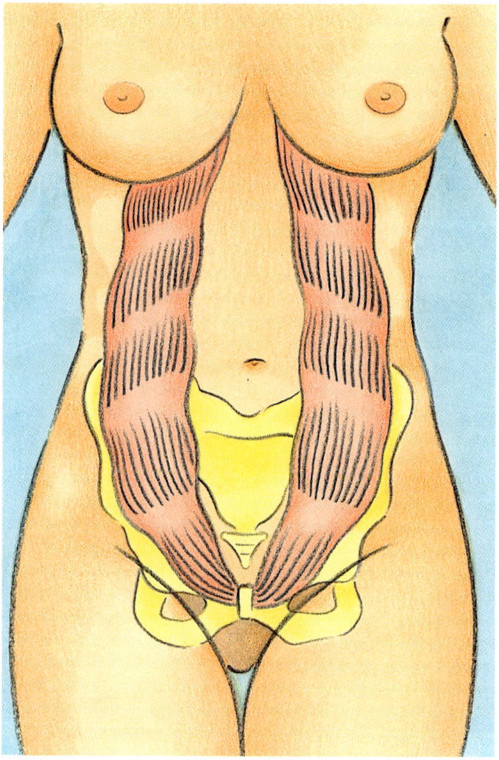

Wie ein Reißverschluß öffnen sich die Bauchmuskeln.

## Die Rectusdiastase

Der gerade Bauchmuskel zieht sich als Paar senkrecht vom Brustbein bis zum Schambein. Normalerweise sind beide Stränge miteinander verknüpft. Um dem wachsenden Kind Platz zu geben, lösen sich die Muskelstränge wie ein Reißverschluß – das nennt sich Rectusdiastase. In der ersten Woche nach der Geburt klaffen die beiden Muskelstränge noch auseinander: Sie sollten sie nicht strapazieren, sonst kann sich die Rectusdiastase sogar noch verstärken. Doch schon in der zweiten Woche hat sich der Spalt bei vielen geschlossen. Solange Sie den Spalt noch tasten können, sollten Sie die gerade Bauchmuskulatur noch nicht trainieren. Sind Sie unsicher, fragen Sie Ihren Arzt oder Ihre Hebamme. Das Training der schrägen Bauchmuskulatur (siehe Übungen im 2. Kapitel) dagegen unterstützt den Zusammenschluß der beiden Muskelstränge.

# Die Kehrseite: der Rücken

Auch der Rücken wird stark beansprucht

Solange Sie Ihren Babybauch vor sich hertrugen, machten Sie automatisch ein Hohlkreuz. Das verschwindet nicht von selbst nach der Entbindung und kann zu Rückenschmerzen führen. Achten Sie deshalb bei den Übungen in Rückenlage darauf, die untere Rückenpartie auf die Unterlage zu drücken. Dadurch wird das Becken gekippt.
Sind Sie dann wieder rundherum fit, sollten Sie bei Übungen für die gerade Bauchmuskulatur Ihre Füße auf ein dickes Buch legen. Diese Haltung entlastet Ihren Beckenboden und entspricht eher der natürlichen Biegung der Wirbelsäule.

# Der Busen wächst – auch ohne Stillen

Die Brust, deren Umfang bei jeder Frau unterschiedlich ist, besteht aus Milchdrüsen. Diese sind im Binde- und Fettgewebe schützend eingebettet und werden von den Bindegewebsbändern gehalten. Die Brüste verändern sich während der Schwangerschaft deutlich: Ihr Gewebe wächst auf das Doppelte an, das blaue Adergeflecht ist durch die starke Durchblutung sichtbar, und die Brustwarze wird dunkler. Manchmal entstehen durch das Anschwellen auch Schwangerschaftsstreifen. Den größten Umfang hat Ihr Busen zum Zeitpunkt des Milcheinschusses, etwa zwei bis drei Tage nach der Entbindung. Die Spannungsgefühle können dann so unangenehm werden, daß die Brust schmerzt – doch das geht innerhalb kurzer Zeit vorbei, vor allem, wenn Sie Ihr Kind in dieser Phase häufig anlegen. Selbst wenn Sie nicht stillen, macht Ihr Busen all diese Veränderungen durch – also kein Grund, wegen der Schönheit aufs Stillen zu verzichten!

**Stillen allein verändert den Busen nicht**

## Stillen – und trotzdem abnehmen?

Einerseits verbrauchen Sie beim Stillen erheblich mehr Kalorien (Seite 21) und nehmen dadurch leichter ab, denn der Körper gibt seine angesammelten Energiespeicher gerne frei. Andererseits können durch den Abbau von Fettpolstern ungesunde Rückstände aus den Fettzellen in die Milch geraten. Die Rückstände in der Muttermilch haben in den letzten zehn Jahren allerdings erheblich abgenommen, so daß sich Fachleute heute darüber einig sind, daß die Muttermilch in jedem Fall die beste Ernährung fürs Baby ist. Ein Kompromiß: Nehmen Sie nur so viel ab, wie Sie während der Schwangerschaft zugenommen haben – und zwar langsam und schonend, und am besten erst nach zwei Monaten und wenn Sie nur noch zwei Mahlzeiten stillen.

**Beim Stillen möglichst nicht abnehmen. Wenn überhaupt, dann nur langsam.**

**TIP!**

**So schonen Sie Ihren Busen**

- Turnen Sie *nach* dem Stillen – dann ist die Brust nicht so schwer.
- Verausgaben Sie sich nicht: Die Milch kann durch hartes Training säuerlich werden – das mag Ihr Baby nicht.
- Tragen Sie bei den Übungen über Ihrem Still-BH am besten noch ein enges Oberteil, das den Busen am Körper hält.
- Verwenden Sie Stilleinlagen, denn durch heftige Bewegungen kann es auch einmal zum Milchfluß kommen.

## Leidet der Stillbusen unter Gymnastik und Sport?

**Bänder, nicht Muskeln, halten den Busen.**

An Bewegung sollte Sie das Stillen nicht hindern, denn sie greift nicht in die Milchbildung ein. Das Training der Brustmuskulatur, die sich oberhalb und seitlich des Busens befindet, festigt ja auch nur den Muskel und verbessert indirekt den Halt der Brust. Die Brust selbst ist allerdings nicht trainierbar: Sie ist vom Halt der stützenden Bänder abhängig – und die sind auch noch nach der Schwangerschaft und Stillzeit gedehnt.

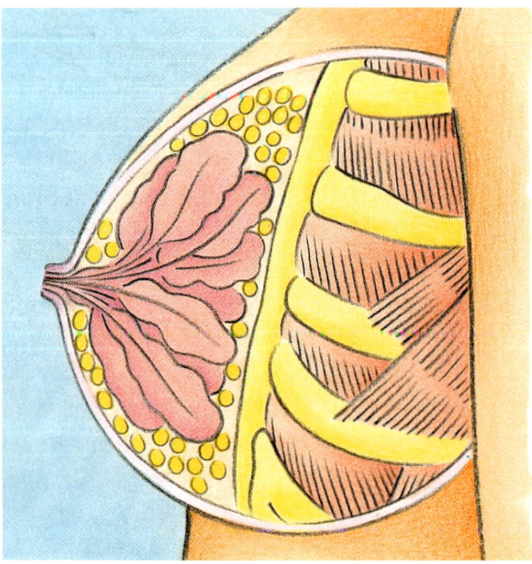

## Nach dem Abstillen

**Ein BH gibt jetzt den nötigen Halt**

Wer insgesamt mehr Gewicht zugelegt hat, wird auch nach dem Abstillen einen schwereren Busen haben. Wer schlank ist, dessen Busen ist nachher häufig kleiner als vorher. Aber ganz gleich ob mehr oder weniger: Der Busen ist einfach nicht mehr so fest. Wie beim Bauch müssen sich Haut und Bänder der kleineren Größe erst wieder anpassen, wenn die Milch- und Fettdrüsen sich zurückbilden. Das kann bis zu einem halben Jahr dauern.

## Die Haut: erst glatt, dann matt

Während der Schwangerschaft sorgen Hormone für die Lockerung von Gewebe, Muskulatur und Bändern. Das Bindegewebe lagert mehr Flüssigkeit ein – das macht die Züge weich und die Haut glatt. Deshalb sind schwangere Frauen oft besonders schön. In den ersten Wochen nach der Entbindung sollten Sie Bänder, Muskeln und Gelenke nicht zu sehr belasten. Denn nach der Geburt und während der Stillzeit bil det Ihr Körper weniger Östrogen. Das führt zur Ausschwemmung der eingelagerten Flüssigkeit, macht aber Haut und Schleimhaut trockener – und faltiger, wenn Sie gleichzeitig abnehmen. Ganz läßt sich das zwar nicht vermeiden, aber Feuchtigkeitscremes, Massagen und Training tun Ihrer Haut in jedem Fall gut. Über die Ernährung können Sie wichtige Bausteine und Wirkstoffe von innen zuführen. Und ausreichend Schlaf schließlich unterstützt nicht nur die Regeneration der Haut.

**Die Haut wird nach der Geburt trockener und neigt zu Falten – Pflege ist wichtig!**

## Das Gewicht: Wie dick darf eine Mutter sein?

**Nehmen Sie sich Zeit zum Abnehmen**

Selbstverständlich gelten im Wochenbett und während der Stillzeit besondere Spielregeln. Doch nach spätestens einem Jahr gibt es zumindest keinen medizinischen Grund mehr für zu viele Pfunde. Warum nehmen dann viele Frauen nach der Geburt des ersten Kindes weiter zu? Viele Mütter haben einfach Mühe damit, die während der Schwangerschaft gehorteten Pfunde zu verlieren. Auch die fundamentale

Streß verleitet oft zum Naschen

Lebensumstellung führt häufig zu unkontrolliertem Essen. Denn der aufregende Alltag mit dem Baby läßt wenig Zeit zum Einkaufen, Kochen und entspannten Essen. Statt dessen wird gesnackt (siehe Kasten): oft Fertiggerichte, Riegel, Milchprodukte – was eben gerade vorrätig ist. Manchmal geht durch den erhöhten Kalorienbedarf in der Schwangerschaft und Stillzeit das Gefühl für die richtigen Mengen verloren: Es wird weiter auf hohem Niveau gefuttert – oder »Baby-Blues« (Seite 17), Erschöpfung und Isolation führen zum Naschen aus Frust.

WICHTIG

### Snacken macht Übergewichtige noch dicker

Neueste Forschungen lassen vermuten, daß viele kleine Snacks bei entsprechend veranlagten Personen zu Übergewicht führen. Der »Snacker« weiß oft nicht mehr, was er an einem Tag wirklich ißt. Er ist nie richtig satt und kann über viele kleine Mahlzeiten verteilt manchmal Unmengen vertilgen.

## Das »dürfen« Sie wiegen

Vielleicht sind Sie ja gar nicht zu dick, sondern brauchen nur Training für ein festeres Gewebe. Rechnen Sie Ihren Body Mass Index (BMI) aus, und vergleichen Sie ihn mit unseren Richtwerten. Der BMI setzt Körpergewicht und -größe in Verhältnis zueinander:

**BMI = Körpergewicht in kg : Körpergröße in $m^2$**

Das Normalgewicht gibt Ihnen Spielraum

Nun können Sie Ihren BMI errechnen. Sind Sie unter 35 Jahre alt, sollte er zwischen 20 und 25 liegen. Mit über 35 Jahren dürfen Sie einen BMI von 21 bis 26 haben.
Ein Beispiel: Sie sind 30 Jahre alt, 1,68 m groß und wiegen 70 kg. BMI = 70 : 2,82 = 24,8. Mit einem BMI von 24,8 ist Ihr Gewicht also noch »ganz normal«.

# Cellulite, schlaffes Gewebe und Krampfadern

Vielleicht ist Ihr BMI genau richtig – aber Sie fühlen sich trotzdem unförmig und unattraktiv. Das kann am Zustand Ihres Bindegewebes liegen. Während der Schwangerschaft wird es extrem gedehnt und lagert viel Flüssigkeit ein. Durch den Einfluß des Hormons Progesteron wird es weicher. Das begünstigt das Entstehen von Cellulite, der sogenannten Orangenhaut. Das weiche Gewebe wiederum stützt die Venen zu wenig, die durch den Druck der Gebärmutter in der späten Schwangerschaft stark belastet werden. Es kommt zu Krampfadern, die nicht so ohne weiteres mit der Entbindung verschwinden. Hier hilft eine ballaststoffreiche Ernährung und viel Trinken – das leitet Abbauprodukte aus dem Körper und entlastet das Gewebe. Vitamine, vor allem Vitamin C, und Mineralstoffe, insbesondere Kieselsäure, pflegen das Gewebe von innen. Muskeltraining kräftigt die Gewebestruktur und gibt den Venen mehr Halt. Zusätzliche Massagen, die die Lymphgefäße unterstützen, fördern die Entwässerung (Seite 85).

**Weiches Gewebe bietet zu wenig Halt**

# Depression und »Baby-Blues«

Meist setzt der »Baby-Blues«, die sogenannte Wochenbett-Depression, dann ein, wenn die Milch zwei bis drei Tage nach der Entbindung einschießt. Mediziner vermuten dahinter hormonelle Ursachen. Sicher hat sich zu diesem Zeitpunkt auch die anfängliche Euphorie gelegt, und Erschöpfung macht sich breit, die Brust schmerzt vielleicht, und Sie fühlen sich unsicher und überfordert. Jetzt ist es wichtig, daß Sie Trost und Rückhalt finden. Normalerweise fangen Sie sich nach einigen Tagen wieder.

**Der Euphorie folgt manchmal Traurigkeit**

Manchmal aber geht der »Baby-Blues« in eine richtige, sogenannte postnatale Depression über: Sie verlieren jeden Lebensmut, kommen den ganzen Tag nicht aus dem Schlafanzug, geschweige denn aus dem Haus, und geraten bei der kleinsten Anforderung in Panik. Diese postnatale Depression kann auch aus heiterem Himmel einige Wochen nach der Geburt auftreten. Nehmen Sie sie ernst, und sprechen Sie mit Ihrem Partner darüber. Konsultieren Sie eventuell einen Arzt. Schlaf, die richtige Ernährung, Atemübungen und ein fester Tagesablauf können Ihnen vielleicht aus der Krise helfen.

**Meist nach 6 Monaten vorbei**

# Essen Sie sich schlank, fit & schön

In den Monaten der Schwangerschaft mußten Sie zunehmen. Und beim Stillen durften Sie weiterfuttern – aber jetzt nehmen Sie nicht mehr ab. Kein Wunder: Ihr Körper muß sich erst umstellen. Und auch Sie müssen Ihr Maß erst wieder finden. Ein regelmäßiger Rhythmus und die Zeit, einzukaufen und Essen zuzubereiten, fehlen Ihnen vorn und hinten. Und wer hat schon die Energie, Kalorien zu berechnen oder gar zu fasten, wenn das Baby die ganze Kraft und Aufmerksamkeit fordert? Trotzdem: Langsam sollten Sie auch wieder an sich denken. Wir geben Ihnen ganz einfache Rezepte und Regeln für eine Küche, die schön, schlank und satt macht. Und die Sie mit allen Nährstoffen versorgt, die Sie jetzt brauchen.

# Weniger, aber besser essen

Einerseits möchten Sie abnehmen – Sie müssen also Ihrem Körper weniger Energie zuführen, als er benötigt, damit er auf die Fettpölsterchen zurückgreift. Andererseits haben Sie Ihrem Kind während der Schwangerschaft und Stillzeit eine Menge Nährstoffe mit auf den Weg gegeben: Ihre Reserven sind erschöpft. Sie müssen Ihre »Tanks« wieder auffüllen, um sich völlig zu regenerieren. Im Idealfall sollten Sie also pro Kalorie so viele wertvolle Nährstoffe aufnehmen wie möglich.

Pillen ersetzen keine Frischkost

## Wenig Fett, viele Kohlenhydrate

Kalorien nehmen wir in Form von Fett, Eiweiß und Kohlenhydraten zu uns. **Fett** liefert die meisten Kalorien und ist vor allem in Milchprodukten und Fleisch enthalten, aber auch in Nüssen und Samen – und in Süßigkeiten! Fett pur ist Butter, Margarine und Öl. **Eiweiß** kommt in Milchprodukten, Fleisch, Fisch, Ei, Getreide und Hülsenfrüchten vor. **Kohlenhydrate** sind vor allem in Obst, Gemüse und Getreide enthalten. Wenn Sie wenig Fett essen, sparen Sie mit jedem Gramm besonders viele Kalorien. Und von Fett brauchen Sie ohnehin nur kleine Mengen. Eiweiß ist in unserer normalen Ernährung reichlich vorhanden. Aber Kohlenhydrate essen wir meist zuwenig – dabei sind gerade sie für uns besonders gut.

Gemüse enthält wertvolle bioaktive Substanzen

## Schonend abnehmen

Sie möchten wieder zu Ihrer alten Figur zurück – aber gleichzeitig hat sich Ihr Leben völlig verändert. Schon im Single-Leben ist es nicht einfach, sich an Diäten zu halten. Mit Baby ist es schier unmöglich. Denn Sie können über Ihre Zeit nicht mehr frei verfügen: Einkaufen, Kochen, Essen und Trinken sind nicht mehr planbar – zumindest im ersten Jahr nicht. Außerdem brauchen Sie Ihre Nervenkraft. Sie können sich nicht wie früher einfach zurückziehen: Ihr Kind braucht Sie. Setzen Sie sich deshalb keine unrealistischen Ziele – lassen Sie sich Zeit.

## Wieviel dürfen Sie essen?

Sie sollen sich satt essen. Und Sie brauchen keine Kalorien zu zählen. Reine, urspüngliche Kohlenhydrate wie Obst, Gemüse, Kartoffeln und Getreide pur können Sie unbegrenzt essen. Obst und Gemüse am besten roh, Gemüse und Kartoffeln auch gedämpft, Getreide am besten als Vollkornprodukt. Trinken Sie vor allem viel Wasser, aber auch Früchte- oder Kräutertee, koffeinfreien Kaffee, Buttermilch oder Molke. Sind die Getränke gezuckert, sollten Sie nicht mehr als ein Glas oder eine Tasse pro Tag trinken. Das gilt auch für Säfte und Milch mit 1,5 % Fett. Wer stillt, muß mehr trinken und darf entsprechend zwei bis drei Gläser Saft oder Milch genießen.

**Beim Stillen auf Koffein und Alkohol verzichten**

Strikt sollten Sie das Fett in Ihrer Ernährung begrenzen: Kaufen Sie nur fettarme Produkte. Aufs Brot sollten Sie nur dünn Butter oder Margarine streichen, für den Salat pro Portion 1–2 TL kalt gepreßtes Öl nehmen. Sorgen Sie dafür, daß Schokolade, Pralinen, Marzipan, Kekse, Chips und ähnliches erst gar nicht im Haus sind. Denn wenn Sie gestreßt, hungrig und müde sind, landen Sie garantiert vor dem süßen Vorrat!

**TIP!**

**Vorrat ist wichtig**

Sie können jetzt nicht spontan einkaufen gehen. Sorgen Sie deshalb für einen Vorrat an gesunden Grundnahrungsmitteln: Müsli oder Frühstücksflocken, Trockenobst, Hefeflocken, Knäckebrot, Kartoffeln, Kartoffelpüreeflocken, körnige Instant-Brühe, Nudeln, Äpfel, Möhren, Zwiebeln, Tomaten (Dose), Sauerkraut, H-Milch 1,5 % Fett, Kaltpreßöl (Olive oder Raps), Eier, Butter oder Margarine, Apfelessig, Pesto, Parmesan, Bündner Fleisch; Tiefkühlkost: Beeren, Gemüse naturell, Kräuter, Geflügel.

## Rezepte-Fahrplan

Genehmigen Sie sich drei feste **Hauptmahlzeiten**; wenn Sie noch stillen, eine Portion mehr. Die Rezepte dazu finden Sie auf den folgenden Seiten. Wenn keine andere Angabe dabeisteht, sind sie für zwei Portionen berechnet, dabei hat jede Portion 300 bis 400 kcal. Wieviele zusätzliche **Zwischenmahlzeiten** es sein dürfen, müssen Sie selbst herausfinden. Denn die individuellen Unterschiede im Energiebedarf sind groß, und auch die Stillintensität spielt eine Rolle. Wiegen Sie sich jeden zweiten Tag. Wenn Sie auch nach einer Woche nicht abnehmen, sollten Sie die Zwischenmahlzeiten reduzieren – bis sich was tut!

**Alle Rezepte für 2 Portionen mit je 300 bis 400 kcal**

## Nährstoffe, die aufbauen und guttun

| | Wirkung | Vorkommen |
|---|---|---|
| **Vitamin D** | Beugt Osteoporose vor, indem es die Calciumeinlagerung in die Knochen fördert | Seefisch, insb. Sardine und Hering, Eigelb, Fleisch und Pilze. Wird bei Sonnenbestrahlung in der Haut gebildet |
| **Vitamin E** | Antioxidans – schützt vor freien Radikalen, hält das Bindegewebe elastisch, fördert die Durchblutung | Hochwertige pflanzliche Öle, vor allem Weizenkeimöl und Margarine; Fisch, vor allem Räucheraal; Getreide und Nüsse; auch Mandel- und Haselnußmus |
| **Vitamin B1** | Stärkt Nerven und Muskeln | Vollkornprodukte, Sonnenblumenkerne, Bierhefe, Kartoffeln, Hülsenfrüchte, Schweinefleisch |
| **Vitamin B6** | Eiweißstoffwechsel, Zellteilung, Nervensystem, hilft bei prämenstruellem Syndrom und Schwangerschaftsübelkeit | Vollkornprodukte, insb. Roggenkeime; Fleisch und Seefisch, vor allem Schellfisch und Lachs; Kohl, Lauch, Mungobohnen und Paprika |
| **Vitamin B12** | Wichtig für die Zellteilung und Blutbildung | Fleisch und Innereien; Fisch, vor allem Makrele und Hering; Milchprodukte, milchsaure Produkte (Sauerkraut, Joghurt, Kefir, Molke, Buttermilch, Käse, Oliven, Sojasauce) |
| **Niacin** | Für eine glatte Haut, gute Nerven und den Energieumsatz | Vollkornprodukte, Weizenkleie und Getreidesprossen; Fisch und Fleisch, besonders Geflügel; getrocknete Erbsen und Kartoffeln, Spinat, Pilze |
| **Panthothensäure** | Regt Haut- und Haarerneuerung an, wichtig für die Wundheilung | Hähncheninnereien, Leber, Hefe, Pilze, Vollkornprodukte |
| **Folsäure** | Für die Zellteilung und Zellneubildung, Blutbildung und Immunabwehr | Rohes Gemüse; Broccoli, Blumenkohl, Porree und Spinat; Pilze, Nüsse, Samen, Bierhefe, Sojasprossen, Orangen, Erdbeeren, Mango, Hühnerleber und -herz |
| **Eisen** | Für Blutbildung, geschmeidige Haut, glänzende Haare, feste Fingernägel und glatte, volle Lippen | Fleisch, Fisch, Krustentiere; Vollkornprodukte, vor allem Hirse und Hafer; Samen, insb. Kürbiskerne, Sesam und Pistazien; Hülsenfrüchte, Hefe, Pilze |
| **Selen** | Entgiftet und sorgt für schöne Haut und makellose Nägel | Fische, vor allem Bückling und Hering; Vollkorngetreide und Weizenkeime, Gemüse und Pilze |

| | Wirkung | Vorkommen |
|---|---|---|
| **Zink** | Für kräftiges Haar und gesunde Haut, unterstützt Heilungsprozesse und die Immunabwehr, verbessert das sinnliche Empfinden | Bierhefe, Hülsenfrüchte, Käse, Leber, Nüsse und Samen, vor allem Sesam und Kürbiskerne; Algen und Austern |
| **Jod** | Beugt einem Kropf vor, für Vitalität von Haut und Haar | Seefisch, Krustentiere, besonders auch Algen; Jodsalz, Hartkäse, Feldsalat, Pilze |
| **Calcium** | Für starke Knochen, Zähne, Nägel und kräftiges Haar sowie starke Nerven | Milchprodukte, vor allem Hartkäse; Sesam, Sauerkraut und Sojabohnen |
| **Magnesium** | Wichtig für Muskulatur, Herz, Knochenstruktur. Wirkt gegen Muskelkrämpfe | Kartoffeln und Vollkorngetreide; vor allem auch Weizenkleie, Hülsenfrüchte und Gemüse, insb. Blattspinat und Fenchel; Bananen, Nüsse und Samen, Krustentiere |
| **Kieselsäure** | Stärkt das Bindegewebe und kräftigt Haut und Haar | Vollkorngetreide, vor allem Hirse, Hafer, Gerste |
| **Milchsäure** | Stärkt die Darmflora und Abwehrkräfte, verbessert die Eisenaufnahme | Milchsaure Produkte: Sauerkraut, Salzgurken, Joghurt, Kefir, Molke, Buttermilch, Käse, Salami, Oliven, Sojasauce |
| **Ω-3-FS** | Fördert die Durchblutung | Fette Seefische (Hering, Lachs), Lein- und Rapsöl |
| **γ-Linolensäure** | Sorgt für eine gesunde und straffe Haut | Pflanzenöle (Borretsch-, Sonnenblumen-, Distel- und Leinöl, Margarine), Avocado und Fisch |
| **Carotinoide** | Erhöhen die Abwehrkräfte und wirken gegen Tumore. Als Vorstufe von Vitamin A sorgt b-Carotin für eine schöne, glatte Haut | Reichlich vorhanden in gelben, roten und grünen Obstsorten und Gemüsen, wie Aprikose, Kürbis, Broccoli und auch in Pollen |
| **Ballaststoffe** | Stärken das Immunsystem, entgiften, schützen die Darmwand | Vollkorngetreide, Gemüse und Obst (vor allem roh) |
| **Phytoöstrogene** | Pflanzliche Östrogene sollen den Zyklus stabilisieren | Sojabohnen, Getreide, Gemüse und vor allem Leinsamen |

# Müsli & Co.

Müsli schmeckt zu jeder Tageszeit

Müslis enthalten auf kleiner Masse konzentriert Nährstoffe. Sie sättigen anhaltend, bieten viele Variationsmöglichkeiten. Bei fertigen Müsli-Mischungen sollten Sie darauf achten, daß kein Zucker zugesetzt ist.

## Vorrats-Müsli

***verdauungsanregend***

Zutaten für **10** Portionen:

125 g getrocknete Feigen • 100 g Hefekleie • 150 g Hirseflocken • 150 g Haferflocken • 50 g Weizenkeime • 50 g Sesam • 50 g Hefeflocken • 50 g Knusperleinsamen • 125 g Rosinen

1 Die Feigen würfeln.
2 Alle Zutaten miteinander vermischen und in einem gut schließenden Lichtschutzglas an einem kühlen Ort aufheben.

***Für eine schnelle Mahlzeit ...***

▶ Rühren Sie 4–6 EL des Vorrats-Müslis in 300 g Joghurt (1,5 % Fett), und geben Sie etwas kleingeschnittenes Obst (Apfel, Orange, Kiwi ...) dazu.

## Getreide-Brei

***beruhigend, magenmild***

100 g Haferflocken
1 Prise Salz
2 Bananen
200 ml Milch (1,5 % Fett)
1 Prise Zimt

1 Die Haferflocken mit 1/4 l kaltem Wasser und dem Salz unter gelegentlichem Rühren zum Kochen bringen. 5 Minuten bei schwacher Hitze köcheln lassen.
2 Bananen und Milch pürieren, mit Zimt verrühren. Dann über den Brei gießen und servieren.

***Varianten:***

80 g **Hafergrütze** in 1/2 l kochende Milch (1,5 % Fett) einstreuen und etwa 15 Minuten köcheln lassen. 2 Bananen fein zerdrücken. Mit 2 EL Weizenkleie unter die Grütze rühren. Mit 2–4 EL Sanddornsaft (Reformhaus) servieren.

Für eine **salzige Grütze** 80 g Polenta mit 1/2 l Möhrensaft und etwas Salz in 15 Minuten garkochen. 2 Tomaten waschen und kleinschneiden, unter die Polenta ziehen, mit Salz und Pfeffer abschmecken und mit 2–3 EL Sauerrahm (10 % Fett) krönen.

# Quark- & Joghurtspeisen

## Vitamin-Quark

***abwehrstärkend, baut auf***

Quark gibt es auch mit 0,2 % Fett

250 g Magerquark • 150 ml Milch (1,5 % Fett) • 4–6 TL Zucker • 2 Äpfel • 4 EL Sanddornsaft • 100 g Rosinen

1 Mit dem Handrührgerät den Quark mit der Milch und 1–2 TL Zucker auf höchster Stufe 3 Minuten verrühren.
2 Die Äpfel sehr gründlich waschen und auf der Rohkostreibe mittelfein raffeln, bis nur noch das Kerngehäuse übrig ist. Die Apfelraspel gleich mit dem Sanddornsaft und den Rosinen vermischen.
3 Nach Belieben entweder Apfel und Quark vermischen oder schichtweise anrichten.

### Milchprodukte und Probiotika

als Zwischenmahlzeit

möglichst ohne Frucht- und Zuckerzusatz mit maximal 1,5 % Fett:

- 150 g probiotischer Joghurt
- 150 g Joghurt mit linksdrehender Milchsäure
- 150 g Müsli
- 150 g Fruchtquark (Magerstufe)
- 150 g Kefir

Ohne Brötchen eine feine und gesunde Zwischenmahlzeit: Trink-Joghurt mit Beeren.

## Trink-Joghurt mit Beeren

***nervenstärkend; für Haut & Haare***

Zutaten für 1 großes Glas:

100 g Beeren (frisch oder TK) • 150 g fettarmer Joghurt • 2 TL Hefeflocken • 1 TL Honig • 1 Prise Zimt • 75 ml Milch (1,5 % Fett)

1 Die Beeren waschen, putzen und grob zerkleinern oder antauen lassen. Mit dem Joghurt und den Hefeflocken fein pürieren.
2 Mit der Milch bis zur gewünschten Konsistenz verdünnen. Dazu gibt es ein Müslibrötchen. Sonst ist es eine Zwischenmahlzeit.

# Salate

## Milde Frischkost

***abwehrstärkend, vitalisierend***

2 Orangen • 4–5 Möhren • 4 Stauden Chicorée • 2 dicke Bunde glatte Petersilie • 300 g Sauerrahm (10 % Fett) • 2 TL Senf • Salz, Pfeffer, Kreuzkümmel • 2 EL Weizenkeimöl

1 Orangen schälen, in 6 Spalten teilen, diese quer in etwa 1 cm breite Scheiben schneiden. Dabei den austretenden Saft auffangen.
2 Möhren waschen und grob raspeln. Chicorée waschen, einige Blätter zum Anrichten zur Seite legen, den Rest in breite Ringe schneiden. Petersilie waschen, Blättchen grob hacken.
3 Sauerrahm mit Senf, Öl und Orangensaft glattrühren, mit den Gewürzen kräftig abschmecken und mit den Salatzutaten vermischen. Auf den ganzen Chicorée-Blättern anrichten. Dazu gibt es je 1 Laugenbreze.

Der Bauernsalat gelingt im Handumdrehen.

## Bauernsalat

***verdauungsfördernd***

500 g kleine Tomaten • Salz, Pfeffer • 1 Beet Kresse • 80 g Schafskäse • 1 Zwiebel • 1/2 Avocado • Saft von 1/2 Zitrone • 1 EL Distelöl

1 Tomaten waschen, achteln und dabei grüne Stielansätze entfernen; mit Salz und Pfeffer würzen.
2 Die Kresse abbrausen, vom Beet schneiden und trockenschütteln.
3 Den Käse zerkrümeln. Die geschälte Zwiebel fein würfeln. Käse und Zwiebel mit der Kresse zu den Tomaten geben.
4 Avocado-Fruchtfleisch aus der Schale lösen und in dünne Spalten schneiden. Sofort mit Zitronensaft vermischen.
5 Avocado mit restlichen Salatzutaten und Öl vermischen und gleich servieren.

Der Salat enthält wichtige Vitamine

# Dips

## Radieschencreme

### *verdauungsfördernd, entschlackend*

2 Bund Radieschen • 1 Knoblauchzehe • 100 g Sauerrahm (10 % Fett) • 1 EL kaltgepreßtes Pflanzenöl • 100 g körniger Frischkäse • Salz, Pfeffer

Mit $^1/_8$ l Buttermilch eine Kaltschale

1 Radieschen waschen und putzen, Knoblauch abziehen. Beides mit etwas Sauerrahm fein pürieren.
2 Restlichen Sauerrahm, Öl und Frischkäse unterrühren, mit Salz und Pfeffer pikant würzen. Bis zum Servieren kühlen.

### *Variante:*

Wenn Sie die Radieschen allein pürieren und in einem Sieb abtropfen lassen, erhalten Sie einen Brotaufstrich.

**TIP!**

**Salatmixe und Fertigdressings**
Klare Dressings wie Vinaigrette oder Trockenmixe, die mit Wasser angerührt werden, sind kalorienarm und haften nicht so am Salat. Oder mischen Sie auf Vorrat Instant-Brühe mit Senf, Essig, Gewürzen und wenig Öl.

**TIP!**

**Zum Dippen** eignen sich in Stücke geschnittenes rohes oder blanchiertes Gemüse, Brot oder Cracker. Aber auch kaltes, gekochtes Fleisch paßt gut zu diesen leichten Gemüse-Dips.

## Zucchinischaum

### *magenmild, für die Haut*

1 hartgekochtes Ei • 250 g junge Zucchini • 150 g Ogen-Melone (Ersatz: Apfel) • 1 Bund Basilikum • Salz, Pfeffer • 1 EL Parmesan • 1/2 TL milder Senf • 150 g Dickmilch

1 Ei schälen. Zucchini waschen, putzen, Enden wegschneiden und grob zerkleinern.
2 Melonenfleisch würfeln, Basilikum waschen. Ei, Zucchini, Melone und Basilikumblättchen fein pürieren.
3 Käse, Senf und Dickmilch cremig rühren und unter das Zucchinimus heben. Mit Salz und Pfeffer würzen.

Die Dips sind mit rohem Gemüse eine knackige Zwischenmahlzeit.
Zur Hauptmahlzeit werden Sie mit
- 300 g Pellkartoffeln
- 200 g gekochten Nudeln (60 g roh)
- 200 g gekochtem Reis (65 g roh)

serviert.

# Snacks

## Grüner Brotaufstrich

***verdauungsfördernd, beruhigend***

25 g Grünkernschrot • 75 ml Gemüsebrühe (Instant) • 1 EL Crème fraîche • 1 hartgekochtes Ei • 1 kleine Möhre • 3 Radieschen • 1 kleine Tomate • 2 TL mittelscharfer Senf • 1/2 TL Honig • 1/2 Beet Kresse • 1/2 TL gehackte Minze oder Petersilie • 1 Msp. Kreuzkümmel • 1–2 TL kaltgepreßtes Olivenöl • Salz und Pfeffer, Muskatnuß

1 Den Grünkernschrot in der Gemüsebrühe aufkochen und 10 Min. köcheln, bis die Brühe vollständig aufgesogen ist.
2 Das Eigelb auslösen, das Eiweiß fein würfeln. Möhre und Radieschen waschen und putzen. Möhre und zwei Radieschen grob zerkleinern.
3 Zusammen mit dem Grünkern, Senf, Honig sowie den Kräutern und Gewürzen im Mixer zu einer geschmeidigen Creme mixen. Tomate und restliches Radieschen fein würfeln, mit den Eiweißwürfeln unter die Creme mischen und pikant abschmecken.
4 Dazu gibt es 2–3 Knäckebrotscheiben. Sie können auch mehr Brot nehmen und dafur den Aufstrich auf 4 Portionen verteilen.

Der Brotaufstrich schmeckt besonders gut auf Kürbiskernbrot.

## Seelachs-Rucola-Creme

***vitalisierend, für Haut & Haare***

200 g Seelachsfilet • 1 EL Zitronensaft • Salz, Pfeffer • 30 g Rucola-Salat • 80 g Magerquark • 1 EL Crème Fraîche • 1 EL Salatmayonnaise, leicht • 1/2 zerdrückte Knoblauchzehe • Tabasco und Worcestersauce

1 Fisch mit Zitronensaft beträufeln, salzen, in 2–3 EL Wasser gardünsten, auskühlen lassen.
2 Rucola waschen und putzen. Mit Fisch, Quark, Crème fraîche und Salatmayonnaise pürieren, Knoblauch zugeben.
3 Mit Salz, Pfeffer, Tabasco und Worcestersauce würzig abschmecken und kaltstellen.

**Creme mit 1–2 Scheiben Baguette essen**

## *Sandwich-Tabelle*

Suchen Sie sich aus jeder Spalte dieser Tabelle eine Komponente aus. Mit einem solchen selbstkomponierten Sandwich haben Sie dann etwa 400 kcal getankt: 200 fürs Brot, je 100 für Aufstrich und Belag. Sie können statt Aufstrich den doppelten Belag wählen oder mehr Brot.

| Brot | Aufstrich | Belag |
|---|---|---|
| 7 Scheiben Knäckebrot | 20 g Butter | 60 g Lachs-Schinken |
| 5 Zwieback | 50 g Sauerrahm, 20 % Fett, mit 1 EL Senf verrührt | 50 g Leberkäse |
| 5 Brödli mit Vollkorn | 2 El Crème fraîche | 50 g Bierschinken |
| 2 Scheiben Mischbrot | 1 gehäufter EL Crème double | 80 g deutsches Corned beef |
| 100 g Grahambrot | 1 EL Remouladen-Sauce | 50 g magere Geflügelwurst |
| 2 Scheiben Vollkornbrot | 2 EL Salat-Mayonnaise | 30 g magere Leberwurst |
| 2 1/2 Scheiben Pumpernickel | 3 EL Salatcreme | 50 g Fisch in Tomatensauce (etwa 1/3 Dose) |
| 1 1/2 Weizen- oder Roggenbrötchen | 75 g Brotaufstrich mit Joghurt | 25 g Butterkäse (etwa 1,5 Scheiben) |
| 1 großes Körner-Brötchen | 2 EL Schmand | 100 g Krabben |
| 1 Laugenbreze | 75 g Kräuterquark | 1 Ei |
| 1 Burger-Brötchen | 20 g Pesto | 1/4 Avocado |
| 4 Scheiben Toastbrot | 2 TL Nuß-Nougat-Creme | 50 g Mozzarella oder Camembert, 40 % Fett |

# Suppen

## Möhrensuppe

***anregend, für die Haut***

300 g Möhren • 1 Kartoffel • 1 kleines Stück frischer Ingwer • 1 Orange • 1 EL Keimöl • 1 gewürfelte Zwiebel • 300 ml Gemüsebrühe • 50 ml Orangensaft • Salz • gemahlener Kreuzkümmel • 2 EL geschlagene Sahne • 30 g Parmesan

**Schmeckt dank Ingwer und Kreuzkümmel exotisch-raffiniert.**

1 Möhren und Kartoffel schälen und würfeln. Den Ingwer schälen und fein reiben. Die Orange mitsamt der Fruchthaut schälen, in etwa 1/2 cm dicke Scheiben schneiden. Den austretenden Saft dabei auffangen.
2 Zwiebel in heißem Öl glasig dünsten, Ingwer, Möhre und Kartoffel zugeben und kurz mitbraten. Gemüsebrühe und Orangensaft angießen. Zugedeckt 15 Minuten köcheln lassen.
3 Ist das Gemüse gar, die Suppe fein pürieren und mit Salz und Kreuzkümmel würzen.
4 Orangenscheiben einlegen, heiß werden lassen. Sahne unterheben und mit gehobeltem Parmesan und einem Vollkornbrötchen servieren.

**Gemüsesuppen lassen sich prima einfrieren**

## Kartoffelsuppe mit gebratener Leber

***vitalisierend***

400 g Kartoffeln • 1 kleine Möhre • 50 g Knollensellerie • 1 Bund Schnittlauch • 2 EL Keimöl • 400 ml Gemüsebrühe • 100 g Geflügelleber (oder Putenfilet) • Salz, Pfeffer • 100 ml Buttermilch • Muskatnuß

1 Kartoffeln, Möhre und Sellerie schälen und würfeln. Schnittlauch waschen, in Röllchen schneiden.
2 1 EL Öl erhitzen, das Gemüse darin kurz andünsten und die Brühe angießen. Zugedeckt in 15–20 Minuten gar köcheln lassen.

3 Leber schnetzeln oder das Putenfilet in Streifen schneiden und im restlichen Öl braten, danach salzen und pfeffern.
4 Suppe fein pürieren, Buttermilch und Schnittlauch zugeben und mit Salz und Muskat abschmecken. Mit gebratener Leber oder Putenfleisch bestreut servieren, dazu zwei Scheiben Knäckebrot.

**Leber nicht zu häufig essen**

# Saucen

**TIP!**
**Gemüsesaucen** sind mit einem Pürierstab schnell gezaubert. Neben frischem Gemüse lassen sich so auch Reste vom Vortag oder vom Babygläschen verwerten. Mit 200 g gekochter Pasta, Reis (beides 60–70 g roh) oder 300 g Pellkartoffeln und einem Salat ist rasch eine Mahlzeit fertig. Diese beträgt dann – wie alle anderen auch – 300–400 kcal.

## Kürbis-Sauce

*magenberuhigend*

150 g geputztes Kürbisfleisch • 1– 2 TL Butter • 1/2 TL brauner Zucker • 150 ml Milch • 2 EL Pinienkerne • Salz, Pfeffer, Muskatnuß

1 Kürbisfleisch würfeln, in Butter bei mittlerer Hitze anbraten. Mit dem Zucker bestreuen, diesen schmelzen lassen. Etwa die Hälfte der Milch und die Pinienkerne zugeben. Mit Salz, Pfeffer und Muskat würzen.
2 Die Sauce aufkochen und zugedeckt etwa 20 Minuten köcheln lassen. Im Mixer oder mit einem Pürierstab pürieren, restliche Milch zugeben, nochmals aufkochen und abschmecken.

**Statt Kürbis eignen sich auch Zucchini oder Möhren**

## Broccoli-Sauce

*abwehrstärkend*

150 g Broccoli • 100 ml Gemüsebrühe (Instant) • 1-2 TL Butter • 1–2 TL Mehl • 100 ml Milch • 50 g Butterkäse

1 Broccoli waschen und in kleine Stücke schneiden. Die Brühe zum Kochen bringen und den Broccoli in 8–10 Minuten garen.
2 Butter zerlassen, Mehl einrühren und unter Rühren etwa 3/4 der Milch zufügen. Den Käse in der Sauce schmelzen.
3 Je nach Konsistenz noch die restliche Milch zugeben. Broccoli fein hacken und unterrühren.

# Eintöpfe

## Grüner Kartoffeltopf

*entwässernd*

1 kleine Salatgurke • 500 g Kartoffeln • 1 EL Keimöl • 1/2 l Gemüsebrühe • 2 Eier • 500 g Spinat (Ersatz: 300 g TK-Blattspinat) • 1 EL gehacktes Basilikum • Salz, Pfeffer und Muskatnuß

1 Gurke schälen, längs halbieren, Kerne herauslösen. Gurke in schmale Halbringe schneiden. Kartoffeln schälen und würfeln. Beides in heißem Öl andünsten, Brühe angießen, etwa 15 Minuten köcheln lassen.

2 Eier hart kochen. Spinat waschen, verlesen und grob hacken. In die Suppe geben, weitere 5 Minuten garen. Mit Basilikum und Gewürzen abschmecken. Halbierte Eier in das Gemüse setzen.

**TIP!**

Sie können mit den Kartoffeln gewürfelte Zwiebel und zerdrückten Knoblauch anbraten.

Ohne Eier: Pürieren Sie das Ganze, erhalten Sie eine sämige Suppe. Eventuell noch etwas Brühe angießen!

**TIP!**

Suppen und Eintöpfe, aber auch viele andere Speisen, lassen sich besonders gut einfrieren. Also, machen Sie gleich mehr – und ab damit in Ihre Gefriertruhe. Am besten portionsweise. Das spart Arbeit und Zeit!

## Fisch-Ragout

*stärkt das Bindegewebe*

200 g Fischfilet • 1 dicke Orange • Salz, Pfeffer • 1 Stange Lauch • 500 g Kartoffeln • 1 TL Butter • 150 ml Fischfond (Glas) • 50 g rote Linsen • 2 EL Sauerrahm

1 Fischfilet würfeln, Orange mitsamt der weißen Fruchthaut schälen. Segmente aus den Häutchen lösen, halbieren. Austretenden Saft auffangen, den Fisch damit beträufeln, salzen und pfeffern.

**Fischfilet können Sie auch tiefgefroren kaufen**

2 Kartoffeln waschen, schälen und zu Salzkartoffeln kochen.

3 Lauch putzen, waschen und in breite Ringe schneiden, in Butter unter Rühren braten, bis er leicht braun wird. Fisch samt Orangensaft zugeben, Fond angießen, Linsen zugeben und zugedeckt bei schwacher Hitze etwa 12 Minuten ziehen lassen.

4 Abschmecken, Orangenstücke zugeben und heiß werden lassen. Mit Sauerrahm gekrönt zu den Salzkartoffeln servieren.

## Tomaten-Risotto

***abwehrstärkend***

**Lauch und Zwiebeln nicht zu dunkel anbraten**

1 Zwiebel • 100 g mageres Lammragout • 1 EL Olivenöl • Salz • Pfeffer • Paprikapulver • 1 Prise Zucker • 150 g Rundkornreis • 400 ml Tomatensaft • 150 g stückige Tomaten (Fertigprodukt) • 3 EL gehackte Kräuter

1 Zwiebel schälen und fein würfeln. Fleisch in sehr kleine Stückchen schneiden.

2 Zwiebelwürfel in heißem Öl glasig dünsten. Fleisch zugeben, salzen und pfeffern. Unter Rühren kräftig braun braten, dann den Zucker und das Paprikapulver zufügen.

3 Reis einstreuen und einige Minuten mitbraten. Etwa 100 ml Saft angießen, dabei ständig weiterrühren. Sobald die Flüssigkeit fast verkocht ist, wieder Saft angießen und leise köchelnd weiter garen. Dabei Reis immer nur eben mit Flüssigkeit bedecken.

4 Nach etwa 20 Minuten Tomatenstücke unterheben und heiß werden lassen. Das Risotto mit Kräutern, Salz und Pfeffer abschmecken.

**TIP!**

**Rundkornreis** saugt sich am besten mit Flüssigkeit voll, deshalb eignet er sich neben Milchreis auch gut für Risotto. Inzwischen gibt es aber auch schon speziellen Risottoreis zu kaufen.

Das Tomaten-Risotto stärkt Ihre Abwehrkräfte.

# Pfannengerichte

## Hirsepfanne

***für Haut & Haare, abwehrstärkend***

Schmeckt auch mit Reis oder Bulgur

100 g Hirse • 250 ml Gemüsebrühe • 150 g Putenbrust • 200 g Broccoliröschen • 1 Kohlrabi • 2 TL ÖL • Salz • Pfeffer • je 1 EL Koriander und Minze

1 Hirse in einem Topf trocken anrösten. Mit Brühe ablöschen und bei schwacher Hitze 20 Minuten ausquellen lassen.
2 Putenbrust in feine Streifen schneiden. Gemüse waschen, Kohlrabi putzen und schälen. Blättchen hacken, Knolle in Streifen hobeln oder schneiden.
3 Fleisch in heißem Öl anbraten, herausnehmen. Kohlrabi in der Pfanne andünsten, Broccoli zugeben. Etwas Wasser angießen, mit Gewürzen abschmecken, 5 Minuten dünsten. Fleisch und Hirse hinzufügen und kurz mitbraten.

**TIP!**
Sie können statt Hirse auch Bulgur (Weizenschrot) verwenden. Der gart blitzschnell, so daß Sie bereits nach etwa 15 Minuten essen können.
Bulgur gibt es fein und grob geschrotet in Naturkostläden oder in türkischen Lebensmittelläden.

## Feta-Paprika-Tortilla

***verdauungsfördernd***

6 Tortillas (Fertigprodukt, Supermarkt, Spezialitäten-Abteilung) • je 1 grüne und gelbe Paprikaschote • 2 Fleischtomaten • 1 Zweig Thymian • 1 Bund glatte Petersilie • 1 Zehe Knoblauch • 120 g Schafskäse (Feta) • 1 EL Öl • Salz, Pfeffer, Paprikapulver

1 Paprika putzen, waschen und würfeln. Tomaten waschen, Stielansätze entfernen. Tomaten in Spalten schneiden. Kräuter waschen, Blättchen hacken. Knoblauch schälen und durch die Presse drücken. Käse fein würfeln.
2 Paprika, Tomate und Knoblauch in heißem Öl andünsten. Mit Salz, Pfeffer und Paprika würzen, wenig Wasser zugeben und zugedeckt 5 Minuten köcheln.
3 Deckel abnehmen, Kräuter zugeben und bei starker Hitze restliche Flüssigkeit verkochen lassen, den Käse unterheben.
4 Inzwischen Tortillas nach Anweisung in Backofen oder Pfanne aufwärmen. Mit der Mischung füllen.

*Variante:* Die Käse-Paprika-Füllung paßt auch prima zu fettarm gebackenem Pfannkuchen.

## Polentapilze

***für Haut & Haare***

250 g Champignons • 2 TL Olivenöl • 180 g Polentagrieß • 0,4 l Kräuterbrühe (Instant) • 1 Bd. Rucola • 100 g Sauerrahm 10 % Fett • Salz, Pfeffer

1 Champignons putzen, die Stiele herausdrehen und kleinhacken. In 1 TL Öl anbraten, Polentagrieß und Brühe zugeben und etwa 10 Minuten garen.
2 Rucola waschen und fein hacken, Pilzköpfe in Scheiben schneiden, im restlichen Öl gar braten. Rucola und Sauerrahm zugeben, würzen und zum Polentagrieß reichen.

*Variante:* Sie können auch Hirse oder Bulgur statt des Polentagrießes verwenden.

## Meeres-Nudel-Pfanne

***für Haut, Haare & Zähne***

**Instant-Nudeln gibt's im Chinaladen**

150 g Instant-Eiernudeln • 3 Stangen Bleichsellerie • 200 g Zuckererbsen (oder 150 g TK-Erbsen) • 150 g gemischte Meeresfrüchte (evtl. TK) • 1 EL Keimöl • Sojasauce • Pfeffer, Muskatnuß • 2–3 EL gehackte Kräuter

**Geht ganz schnell und schmeckt köstlich nach Urlaub!**

1 Eiernudeln mit kochendem Salzwasser übergießen, nach Packungsanleitung quellen lassen.
2 Bleichsellerie putzen, waschen, in feine Ringe schneiden. Erbsen waschen und die Spitzen abknipsen.
3 Das Öl erhitzen, Erbsen und Bleichsellerie darin andünsten, würzen und abgedeckt 5 Minuten garen.
4 Meeresfrüchte zugeben und weitere 5 Minuten unter Rühren braten.
5 Abgetropfte Nudeln im Gemüse heiß werden lassen. Kräuter untermischen, abschmecken.

*Variante:* Statt Meeresfrüchte 2 Eier mit 1–2 EL Wasser schaumig rühren, Gewürze und Kräuter unterziehen und in der Pfanne mit stocken lassen.

# Aus dem Ofen

## Chicorée-Gratin

*für die Haut, beruhigend*

400 g Chicorée (3-4 Stauden) • 400 g Pellkartoffeln • 2 dicke Orangen • 75 g Edelpilzkäse • Salz und Pfeffer • 1 EL Schmelzflocken • 1-2 EL gehackter Dill

1 Chicorée waschen, längs halbieren, den Strunk keilförmig herausschneiden. Gepellte Kartoffeln in Spalten schneiden.
2 Eine Orange auspressen, zweite Orange mitsamt der weißen Fruchthaut schälen, die Segmente aus den Trennhäutchen lösen und je nach Größe halbieren oder dritteln. Käse entrinden und würfeln.
3 In einer Kasserolle den Chicorée in der heißen Butter von allen Seiten kurz andünsten, salzen und pfeffern.
4 Kartoffeln und Orangenstückchen zwischen den Chicoree setzen. Orangensaft mit Flocken und Dill verrühren, angießen und mit Käse bestreuen.
5 Im heißen Backofen (180 °C, Umluft 160 °C) 10–15 Minuten überbacken.

*Variante:* Sie können statt Orangen auch Tomaten verwenden, und statt Chicorée Radicchio.

## Fischauflauf

*für Haut & Zähne, anregend*

200 g TK-Blattspinat • 250 g Schollenfilets • 2 EL Zitronensaft • Salz • weißer Pfeffer • 100 g Nudeln • 500 g gewürfelte Tomaten (Fertigprodukt) • 50 g Kräuterfrischkäse leicht

1 Den Spinat auftauen lassen. Die Fische in mundgerechte Stücke teilen, mit Zitronensaft beträufeln, salzen und pfeffern.
2 Rohe Nudeln in eine Auflaufform geben, mit den Tomaten bedecken. Fisch auf den Tomaten verteilen. Spinat mit dem Käse mischen, würzig abgeschmeckt über dem Fisch verteilen. Im Ofen (180 °) 25 Minuten backen.

**Für den Auflauf eignen sich besonders gut Rigatoni.**

## Kartoffeln mit Sauerkraut-Haube

### *für Haut & Haare, verdauungsfördernd*

400 g Pellkartoffeln • Salz und Pfeffer • 1 TL Öl • 250 g Sauerkraut • 100 g Rinderhackfleisch • 1 kleines Ei • 1 EL gehackte Petersilie • 1/2 TL Kümmel • 100 ml Kaffeesahne 10 % Fett • 1 Zwiebel

1 Die Kartoffeln schälen und in grobe Würfel schneiden. Die Zwiebel schälen und fein hacken. In heißem Öl anschwitzen. Das Hackfleisch zugeben, mit Salz, Pfeffer und Kümmel würzen und krümelig anbraten.

2 Die Kartoffelwürfel und das Sauerkraut unter das Hackfleisch mischen und alles in eine flache Auflaufform füllen und verteilen. Die Kaffeesahne und das Ei verquirlen, salzen, pfeffern und über die Masse gießen.

Geht schneller aus dem Topf

3 Im heißen Backofen (220 °C, Umluft 200 °C) etwa 20 Minuten backen. Mit gehackter Petersilie bestreuen. Dazu paßt Endiviensalat.

**TIP!**

Schlichter, aber schneller aus dem Topf: Ei weglassen, 300 g Sauerkraut oder Raspel-Kohlrabi mit Hackfleisch 15 Minuten schmoren. Statt Sahne Sauerrahm (10 % Fett) nehmen. Dazu 500 g Pellkartoffeln.

**TIP!**

Besonders mild ist Sauerkraut aus dem Reformhaus. Wer auch das nicht verträgt, kann statt dessen 400 g Chinakohl nehmen.

## Gemüse-Clafoutis

### *für Haut und Haare, verdauungsfördernd*

2 kleine Eier • 50 g Weizenvollkornmehl • 1 gehäufter EL Hirse- oder Haferflocken • 3 EL Milch • 50 g Magerquark • Salz, Pfeffer, Muskatnuß • 1 TL Majoranblättchen • 200 g Bundmöhren • 100 g Erbsen • Fett für die Form

1 Eier trennen. Eigelb mit Mehl, Flocken, Milch und Quark verrühren. Mit Salz, Pfeffer, Muskat und Majoran würzen.

2 Möhren putzen, waschen und grob raspeln.

3 Eiweiß mit einer Prise Salz zu steifem Schnee schlagen und unter die Eigelbmasse heben.

4 Teig in eine kleine, gefettete Auflaufform füllen und das Gemüse auf dem Teig verteilen, etwas eindrücken.

5 Clafoutis im heißen Backofen (180 °C, Umluft 160 °C) etwa 25 Minuten backen.

# Süßes zum Sattessen

Sie müssen auf Süßes nicht verzichten. Natürlich braucht es etwas mehr Zeit als die übrigen Gerichte. Aber unser Gebäck ist so gesund, daß Sie damit auch eine Mahlzeit ersetzen können: 1 Muffin, 1 dicke Scheibe Kuchen oder 2 Waffeln.

## Apfelkoch

***verdauungsanregend***

3 Äpfel • 250 g Apfelmus • 50 g Semmelbrösel oder Getreideflocken • 2 Eier • 2 gehäufte EL Rosinen

1 Äpfel waschen, vierteln und das Kerngehäuse entfernen. Die Äpfel in Spalten schneiden, in einer flachen, gefetteten Auflaufform verteilen.
2 Das Apfelmus mit den Semmelbröseln oder Flocken verrühren.
3 Eier trennen. Eigelb cremig rühren und mit den Rosinen unter das Apfelmus heben. Eiweiß zu steifem Schnee schlagen, ebenfalls unterheben und die Masse auf den Äpfeln verteilen.
4 Im heißen Backofen (200 °C, Umluft 180 °C) etwa 20 Minuten backen. Der Auflauf schmeckt warm und kalt.

## Obst-Quark-Gratin

***für Haut & Haar, verdauungsfördernd***

250 g Magerquark • 2 Eier • 100 ml Milch • 2 EL Honig • 1 TL Zitronensaft • 3 Zwieback • 1 Nektarine • 250 g gemischte Beeren • Puderzucker zum Bestäuben

1 Quark, Eier, Milch, Honig und Zitronensaft verrühren. Zwieback zerbröckeln und in eine flache Quicheform geben. Quarkmasse darüber verteilen.
2 Nektarine waschen und in dünne Spalten schneiden. Beeren waschen, gut abtropfen lassen. Größere Beeren vierteln. Auf der Quarkmasse verteilen.
3 Gratin im heißen Ofen (180 °C, Umluft 160 °C) 25 Minuten überbacken. Mit Puderzucker bestäubt servieren.

**TIP!**
Süße Hauptmahlzeiten sind problemlos zuzubereiten, preiswert – und gesund. Vorausgesetzt, sie enthalten viel Frucht-, Milch- und Vollkornprodukte, aber wenig Zucker und Fett.
Sie sind leicht verdaulich und deshalb als Abendessen besonders geeignet.

Braucht etwas Quellzeit für den Teig, geht dann aber ganz rasch – der leckere Buttermilch-Blaubeer-Pfannkuchen.

## Buttermilch-Blaubeer-Pfannkuchen

***verdauungsanregend, nervenstärkend***

Pfannkuchenmischungen gibt es auch abgepackt

50 g feines Vollkornmehl • 1 gehäufter EL Hirsemehl • 1 gehäufter EL Hefeflocken • 150 ml Buttermilch • 1 Prise Salz • 1/2 TL Zucker • Zimt • 2 Eier • 150 g frische Heidelbeeren • Fett zum Backen • Puderzucker

1 Mehl, Flocken, Buttermilch und Gewürze mit Eigelb verrühren und 30 Minuten ausquellen lassen.
2 In der Zwischenzeit die Heidelbeeren verlesen und waschen.
3 Eiweiß zu steifem Schnee schlagen und unter den Teig heben.
4 In einer beschichteten Pfanne bei mittlerer Hitze wenig Fett zerlassen, etwa die Hälfte Teig in der Pfanne glattstreichen. Mit der Hälfte der Beeren bestreuen. Zugedeckt die Unterseite in wenigen Minuten goldbraun backen, den Pfannkuchen vorsichtig wenden und von der zweiten Seite ebenfalls goldbraun backen. Mit Puderzucker bestäuben.
5 Mit dem restlichen Teig ebenso verfahren.

## Müsli-Apfel-Dauerkuchen

***verdauungsfördernd***

Für 1 mittlere Kastenform (10 Portionen):

150 g Butter • 100 g Zucker • 1 Prise Salz • 3 Eier • 100 g Magerquark • 2 Äpfel • 180 g Mehl • 200 g Vollkorn-Früchte-Müsli • 2 TL Backpulver • 100 ml Apfelsaft • Fett und Müsli für Form

1 Butter, Zucker und Salz schaumig rühren. Eier einzeln unterrühren, dann den Quark unterziehen.
2 Äpfel waschen und bis auf das Kerngehäuse grob raspeln.
3 Mehl, Müsli und Backpulver vermischen, mit den Apfelraspeln unter den Teig arbeiten. Dabei so viel Saft zugeben, daß ein geschmeidiger Teig entsteht.
4 Den Teig in die gefettete, mit Müsli ausgestreute Form geben und glattstreichen. Im heißen Backofen (Mitte; 200 °C, Umluft 180 °C) etwa 1 Stunde backen.

**TIP!**
Der Kuchen braucht zwar etwas länger in der Vorbereitung, er hält sich dafür aber auch eine Woche im Kühlschrank – und Sie haben immer eine süße Mahlzeit, auf die Sie zurückgreifen können.

## Möhren-Aprikosen-Muffins

***für Haut & Haare***

Zutaten für etwa 12 Stück:

250 g Vollkornmehl • 3 TL Backpulver • 200 g getrocknete Aprikosen • 2 Eier • 150 g Zucker • 125 g Butter • 1 Päckchen Vanillezucker • 190 g Möhrenmus (1 Babygläschen) • etwa 100 ml Fruchtsaft

1 Das Mehl mit Backpulver vermischen, die Aprikosen kleinschneiden.
2 Die Eier leicht verquirlen. Zucker, Butter und Vanillezucker dazugeben und gut verrühren. Dann das Möhrenmus und den Saft unterziehen. Die Mehlmischung unterrühren. Zuletzt die Aprikosen unter den Teig heben.
3 Den Teig sofort in Papiermanschetten oder ein gefettetes Muffin-Blech füllen (nicht mehr als 2/3). Im heißen Backofen (Mitte; 180 °C, Umluft 160 °C) in 20–25 Minuten goldgelb backen. Anschließend in den Formen noch 5 Minuten ruhen lassen.
4 Muffins aus den Förmchen nehmen und am besten noch lauwarm servieren.

## Fettärmer naschen?

Es gibt auch fettärmere Naschvarianten als Nüsse und Chips, allerdings enthalten auch sie nur wenig wertvolle Nährstoffe – abgesehen von Trockenfrüchten, die sind allerdings auch kalorienreicher.

- Fruchteis (Sorbet)
- Götterspeise (Wackelpeter)
- Trockenfrüchte
- Japanisches Knabbergebäck
- Popcorn (ohne Zucker)
- Gummibärchen, Weingummis, Lakritze
- Pfefferminzbonbons
- Puffreiskräcker
- Pikante Oblaten
- Salzstangen und -brezen
- Grissini

## Schoko-Waffeln

*anregend*

Zutaten für etwa 8 Stück

2 große Eier • 75 g Butter • 50 g Zucker • 1 Päckchen Vanillezucker • 100 g Quark • 100 g Vollkornmehl • 1–2 EL Kakaopulver • 1/2 TL Backpulver • 50 g zarte Haferflocken • 1–2 EL Hefeflocken • 100 ml Milch • Puderzucker zum Bestäuben

1 Eier trennen, Butter, Zucker, Vanillezucker, Eigelb und Quark gut verrühren.
2 Mehl mit Kakao, Backpulver und Flocken vermischt unter die Masse rühren, dabei die Milch mit einrühren. Eiweiß zu steifem Schnee schlagen und unterheben.
3 Das Waffeleisen erhitzen und nacheinander goldbraune Waffeln aus etwa 2 EL Teig backen.
4 Waffeln mit Puderzucker bestäuben und servieren.

**Für diese beliebte Süßigkeit brauchen Sie ein Waffeleisen.**

# Power-Woche

**Als Einstieg zum Abnehmen**

In dieser Woche essen Sie pro Tag etwa 1300 kcal. Die warme und kalte Mahlzeit können Sie mittags oder abends essen. Zusätzlich zu den Hauptmahlzeiten können Sie pro Tag ein bis zwei Zwischenmahlzeiten oder Getränke von dieser Seite auswählen. So können Sie eine Woche nach Ihrem Geschmack zusammenstellen – alle Rezepte haben etwa die gleiche Kalorienzahl. Rohes Gemüse, Mineralwasser, ungesüßter Kaffee und Tee sind unbegrenzt erlaubt. Bei Obst können Sie ohne Beschränkungen bei Melone, Beeren und Zitrusfrüchten zugreifen. Wenn Sie stillen, dürfen Sie eine Hauptmahlzeit mehr essen oder einmal die doppelte Portion.

## Getränke

je 100 kcal

- 1 Glas Apfel- oder Orangensaft (0,2 l)
- 1 Glas Buttermilch (0,2l)
- 1 Glas Limonade
- 1/2 Glas Cola
- 1 Glas Bier (0,2 l)
- 150 ml Wein

## Zwischenmahlzeiten

je 150 kcal

- 100 g Magerquark mit 3 EL Milch und 1/2 geraspeltem Apfel
- 100 g Magerquark mit 3 EL Milch und 1 Bund Radieschen
- 150 g fettarmer Fruchtjoghurt
- 10 mit Paprika gefüllte Oliven (Glas) und 2 Cracker
- 1 dünnes Knäckebrot mit 1 Scheibe Tilsiter-Käse
- 1 Scheibe Bauernbrot mit fettarmem Frischkäse
- 1 Laugenbreze
- 1/2 Scheibe Marmorkuchen
- 3 Butterkekse
- 2 Löffelbiskuits
- 30 Salzstangen oder -brezen
- 1 kleine Tüte Popcorn
- 10 Grissini
- 250 g Aprikosen
- 2 Pfirsiche
- 1 kleine Banane oder 1 Birne
- 150 g Weintrauben
- 150 g Erdbeeren
- 5 eßfertige Trockenpflaumen
- 1 gehäufter EL Rosinen
- 5 Walnüsse
- 10 Mandeln
- 10 Haselnüsse
- 1 Scheibe Putenschinken
- 10 Weingummis
- 1 Riegel Schokolade
- 2 Pralinées

| Frühstück | warme Mahlzeit | kalte Mahlzeit |
|---|---|---|
| Getreide-Brei Seite 24 | Buttermilch-Blaubeer-Pfannkuchen Seite 39 | Bauernsalat Seite 26 |
| Vorrats-Müsli Seite 24<br>+ 200 ml Saft<br>+ 2 Aprikosen | Grüner Kartoffeltopf Seite 32 | Radieschencreme Seite 27<br>+ 1 Laugenbreze oder Roggenbrötchen<br>+ 200 g Gemüse |
| Vitamin-Quark Seite 25 | Hirsepfanne Seite 34 | Seelachs-Rucola-Creme Seite 28<br>+ 1 Scheibe Bauernbrot<br>+ 2 Tomaten |
| Vorrats-Müsli Seite 24<br>+ 150 g Mager-Joghurt<br>+ 1/2 Banane | Fischauflauf Seite 36 | 2 Scheiben Vollkornbrot mit grünem Brotaufstrich Seite 28<br>+ Gurke |
| Getreide-Brei Seite 24 | Kartoffeln mit Sauerkraut-Haube Seite 37 | Milde Frischkost Seite 26 |
| Trink-Joghurt Seite 25 | Tomaten-Risotto Seite 33 | Zucchinischaum Seite 27<br>+ 3 Scheiben Grahambrot + 1 Paprikaschote oder große Möhre |
| Vorrats-Müsli Seite 24<br>+ 1 Apfel<br>+ 200 ml Buttermilch | Kartoffelsuppe mit gebratener Leber Seite 30 | Sandwich nach Tabelle Seite 29 |

Nur Mineralwasser, Früchtetee und frisch gepreßte Säfte sind erlaubt.

# Entlastungstage ...

... entwässern, weil salzlos gegessen wird. Trinken Sie an diesen Tagen mindestens 3 Liter Wasser oder Tee. Wer mag, kann danach noch einen Safttag einlegen.

## Quark-Kartoffel-Tag

Alle Zutaten für 1 Person und 1 Tag

500 g Magerquark • 1 EL Weizenkeimöl • 1 Banane • 500 g neue Kartoffeln • 1 Salatgurke • 1 Frühlingszwiebel • 1 EL gehackter Dill • Pfeffer • 3-4 junge Möhren • 1 EL gehackte Petersilie • 1 TL Senf • 2 Äpfel

▶ Quark und Öl mit Mineralwasser cremig rühren.

▶ Zum **Frühstück** die geschälte Banane kleinschneiden, mit 1/4 der Quarkmenge mischen.

▶ Zum **Mittagessen** Kartoffeln kochen. Gurke schälen und grob raspeln. Frühlingszwiebel putzen und in sehr feine Ringe schneiden. Mit Gurke und Dill unter die Hälfte des übrigen Quarks rühren, mit Pfeffer abschmecken. Mit Pellkartoffeln servieren, 1–2 Kartoffeln beiseite legen.

Eiweißreich & magenberuhigend

▶ Zum **Abendessen** Möhren fein raspeln und mit dem übrigen Quark, Petersilie, Senf und Wasser saucig rühren, übrige Kartoffeln in Scheiben unterziehen.

▶ Zwischendurch Äpfel essen.

## Reis-Obst-Tag

200 g (Natur-)Reis • 1 Ananas (oder 2 Äpfel oder Orangen) • Zimt • 4 EL Orangensaft • 400 g Broccoli • Muskatnuß • 1 EL gehackte glatte Petersilie • 1 Msp. Vanillepulver • 1 Banane

Kohlenhydratreich

▶ Reis nach Packungsangabe zubereiten.

▶ Zum **Frühstück** die halbe, kleingeschnittene Ananas mit 1/4 Reis vermischen. Mit Zimt und Orangensaft abschmecken.

▶ Für das **Mittagessen** Broccoli waschen, putzen und in wenig Wasser dünsten. Kurz bevor der Broccoli gar ist, die Hälfte des restlichen Reises zugeben und heiß werden lassen. Mit Muskat und Petersilie würzen.

▶ Zum **Abendessen** restlichen Reis und Ananas mit Vanille vermischen.

▶ Zwischendurch die Banane essen.

# Aufbautage ...

Alle Zutaten für 1 Person und 1 Tag

... sind reich an Nährstoffen – und trotzdem salzlos. Sie geben Kraft und unterstützen die Gewichtsabnahme, da sie den Stoffwechsel anregen.

## Gemüse-Fleisch-Tag

Aufbauend & nervenstärkend

1 Birne • 2 EL Vollkornflocken • 2 EL Hefeflocken • 6 EL Apfelsaft • 400 g Hähnchenbrustfilet • Pfeffer • Paprikapulver • 2-3 Tomaten • 200 g Champignons • 1 kleiner Kopf Chinakohl • 1 EL Schnittlauchröllchen • 1 TL Senf • 1 TL Öl • 1 Bund Radieschen • 1/2 Kopfsalat • 1 gelbe Paprika

▶ Für das **Frühstück** Birne raspeln, mit den Vollkornflocken, 1 EL Hefeflocken und 4 EL Saft mischen.

▶ **Mittags** Hähnchen mit Pfeffer und Paprika einreiben, in Streifen schneiden. Pilze putzen, Chinakohl waschen, in Scheiben schneiden. Das Fleisch mit wenig Fett braten, die Hälfte beiseite nehmen. Pilze und Kohl zugeben, weiterbraten, bis alles gar ist.

▶ **Abends** aus Senf, Öl, restlichem Apfelsaft, Hefeflocken und Pfeffer eine Salatsauce rühren. Radieschen in Scheiben schneiden, mit dem geputzten Salat, den geschnittenen Tomaten, gewürfelten Paprika und dem restlichen Hähnchenfleisch mit dem Dressing vermischen.

▶ Zwischendurch so viel rohes Gemüse, wie Sie wollen.

## Gemüse-Fisch-Tag

Eiweißreich & anregend

3 EL zarte Haferflocken • 1 Banane • 100 g Knollensellerie • 200 g Hirse • Muskat • 300 g Fischfilet • 1 Zitrone • Pfeffer • 2-3 Zucchini • 100 g TK-Erbsen • 1 EL gehackte Petersilie • 1 TL Olivenöl

▶ Für das **Frühstück** Flocken, zerdrückte Banane und 1/4 l Wasser aufkochen. Bei milder Hitze sämig köcheln.

▶ **Mittags** geraspelten Sellerie ohne Fett unter ständigem Rühren kurz rösten. Hirse zugeben, mit knapp 1/2 l Wasser aufgießen, aufkochen lassen. Bei milder Hitze 15 Minuten ausquellen lassen, mit Muskat würzen. Fisch mit Zitronensaft und Pfeffer würzen. Zucchini waschen und in dünne Scheiben hobeln. Mit dem Fisch in Alufolie einwickeln und in einem Topf mit heißem Wasser 20 Minuten dünsten.

Sie können Bulgur statt Hirse nehmen

Die Hälfte Hirse mit den Erbsen 5 Minuten köcheln lassen, die Hälfte Petersilie untermischen und mit der Hälfte Fisch essen.

▶ Restliche Hirse zum **Abendbrot** als Salat mit Zitronensaft, Öl, kaltem Fisch, Zucchini, übriger Petersilie und Pfeffer mischen.

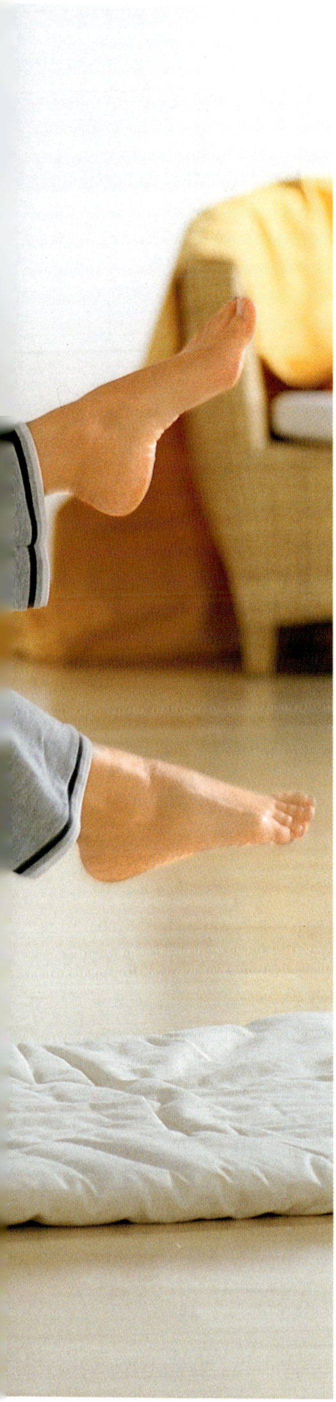

# Bewegung macht fit & munter

Ihr Körper hat mit der Entbindung eine Phase großer Anstrengungen und Veränderungen hinter sich. Und nun? Sie fühlen sich schlapp und schlaff. Sicher liegt das auch an Ihrem Schlafmangel. Aber wahrscheinlich auch an fehlendem Training. Ihr Rücken ist strapaziert, die Muskulatur Ihres Beckenbodens und Bauches gedehnt. Und auch Ihrer Taille, Ihren Armen und Beinen fehlt die Spannung. Regelmäßiger Sport wird in der nächsten Zeit für Sie schwer möglich sein. Aber tägliches Training zu Hause kann mindestens ebenso wirkungsvoll sein. Entscheidend ist, wie regelmäßig und intensiv Sie turnen. Denn nie ist Ihr Körper so empfänglich für Training wie nach der Entbindung.

# Fitneß-Training: mäßig, aber regelmäßig

Gymnastik nach dem Baby sollte immer ein sanfter, möglichst ausdauernder Bewegungsablauf sein. Denn Ihre Bänder, Ihr Gewebe und Ihre Gelenke sind durch den Einfluß der Hormone noch weich und wenig belastbar. Darauf nehmen unsere Übungen Rücksicht. Sie können sie auch turnen, wenn Sie absolut unsportlich sind. Die Intensität bestimmen Sie selbst.

**Turnen macht Spaß**

Bewegung soll Spaß machen: Deshalb ist unser Rundum-Turnen als harmonisches Ganzes angelegt, bei dem sich eine Übung aus der anderen ergibt. Dabei werden nicht nur die neuralgischen Punkte gezielt trainiert, sondern der ganze Körper wird ins Training einbezogen.

## Das Poster: Turnen für Minimalisten

Hängen Sie sich unser Poster auf: Die acht Übungen können Sie ab der dritten Woche turnen – achten Sie dabei nur auf Ihre Rectusdiastase (Seite 12). Hängen Sie sich das Poster am besten an einen Platz, wo Sie es oft sehen – vielleicht ins Badezimmer – bis Sie die Übungen im Schlaf können. Die Regelmäßigkeit bringt für Ihre Muskulatur mehr als sechs Wochen Intensiv-Training. Aber »hudeln« Sie nicht: Je konzentrierter Sie Ihre Muskeln an- und entspannen, desto erfolgreicher werden Sie sein.

**Disziplin lohnt sich**

## Wenn Sie spezielle Probleme haben...

Haben Sie Probleme mit Inkontinenz, oder merken Sie, daß Ihre Scheide so weit ist, daß Sie Ihren Partner beim Sex nicht gut spüren können (Seite 82/83), dann können Sie sich die Übungen für den Beckenboden herauspicken. Ärgert Sie Ihr Bauch, dann widmen Sie ihm Ihre Hauptaufmerksamkeit.
Wir haben für Sie auf einer Doppelseite (52/53) Übungen zusammengestellt, die Sie auch schon in den ersten drei Wochen nach der Entbindung turnen können – wenn sich Ihre Rectusdiastase also noch nicht geschlossen hat. Falls Sie und Ihr Baby Lust haben, können Sie die Gymnastik auch zur gemeinsamen Turnstunde umfunktionieren. Wir ha-

ben auf den Seiten 50/51 Übungen herausgesucht, die sich besonders dafür eignen. Aber setzen Sie sich nicht unter Druck. Es ist ganz normal, wenn Sie sich beim Turnen einmal ganz auf sich selbst konzentrieren möchten.

## Wie, wo, wann?

Sie können alle Übungen der Rückbildungsgymnastik auf dem Teppich oder auf einer Decke machen – Sie brauchen nur ein wenig Platz. Am besten, Sie turnen vormittags nach dem Stillen (Seite 11). Extra in Turnklamotten steigen kostet nur Zeit und Energie – die investieren Sie lieber in die Übungen. Wahrscheinlich werden Sie bis mittags ohnehin nicht aus dem Pyjama kommen. Aber was soll's? Ihr Körper ist jetzt wichtiger als die Garderobe oder der Haushalt. Vielleicht ist für Sie auch eine andere Tageszeit günstiger – finden Sie es heraus, und bleiben Sie dann möglichst bei Ihrem Turntermin. Ihre Familie wird sich schnell daran gewöhnen.

**Betreiben Sie möglichst wenig Aufwand**

### Gemeinsam statt einsam?

Dieses Buch ergänzt, ersetzt aber nicht die Rückbildungsgymnastik bei einer Krankengymnastin oder Hebamme – diese bieten in der ersten Zeit nach der Entbindung fachkundige Begleitung. Und so ein Kurs hat einen entscheidenden Vorteil: Sie kommen raus und treffen andere junge Mütter. Nehmen Sie dieses Buch doch einfach mit, und sprechen Sie die Übungen durch. Lassen Sie sich korrigieren und vor allem feststellen, ob Ihre Rectusdiastase geschlossen ist.

### Die Atmung ist wichtig

Erinnern Sie sich an die Geburtsvorbereitung? Dort haben Sie die Bauchatmung geübt. Sie sollten sie auch bei der Rückbildungsgymnastik einsetzen – bei den Übungen werden Sie daran erinnert. Dadurch bekommen Sie quasi eine Sauerstoffdusche – das tut Ihrem Gewebe und Ihrer Stimmung gut. Wenn Sie noch mehr für Ihr Wohlbefinden tun möchten, suchen Sie eine entspannende Musik, nach der Sie gerne turnen. Die Länge des Stücks kann gleichzeitig als Kontrolle dienen. Wir geben Ihnen aber auch bei jeder Übung die Frequenz an: Sie dauert rund eine Minute, insgesamt sollten Sie mit höchstens 30 Minuten auskommen. Und eines ist gewiß: Langeweile kommt bei unserem Rundum-Turnen sicher nicht auf!

**Für neue Vitalität**

## Turnen mit Baby

Vielleicht möchten Sie Ihr Baby gerne einbeziehen, wenn Sie turnen? Oder Sie schaffen es einfach nicht zu trainieren, während es schläft. Oder Sie haben festgestellt, daß die Bewegung zu zweit viel mehr Spaß macht. Probieren Sie es einfach aus. Für manche Übungen sollte Ihr Baby aber mindestens zwei Monate alt sein. Ziehen Sie es warm genug an – denn es wird dabei kaum bewegt. Sorgen Sie für eine weiche, warme Unterlage. Ich gebe in diesem Fall nicht an, wie oft Sie jede Übung machen sollten – das führt nur zu Streß. Sie sehen selbst, was Ihrem Kind gefällt. Dann turnen Sie die entsprechende Übung eben länger.
Alle hier gezeigten Übungen können Sie auf den angegebenen Seiten nochmal nachschlagen.

### Baby-Vierfüßler

▶ Ihr Baby liegt auf dem Rücken. Sie stellen sich im Vierfüßler-Stand darüber, so daß Sie sich ins Gesicht schauen können. Nun ziehen Sie den Beckenboden an, Buckel nicht vergessen! (Seite 69).

### Baby guck in die Luft!

▶ Sie liegen auf dem Rücken mit angestellten Beinen, Ihr Baby »sitzt« auf Ihrem Bauch. Halten Sie es an beiden Händchen, heben und senken Sie dabei langsam Ihren Oberkörper. (Seite 55).

### Baby-Pfauen-Rad

▶ Sie liegen auf dem Rücken. Die Unterschenkel sind zu einer Stufe angehoben. Legen Sie Ihr Baby darauf, so daß es Sie ansieht, und halten Sie es fest. Wiegen Sie nun behutsam mit den Beinen leicht nach vorn und hinten. (Seite 65).

## Baby-Radfahren

▶ Sie liegen auf dem Rücken, Ihr Baby sitzt auf Ihnen. Nun radeln Sie in der Luft. Ziehen Sie möglichst den Beckenboden dabei an. (Seite 66).

## Baby-Bügelbrett

▶ Nehmen Sie Ihr Baby gerade in den Arm, kommen Sie in den Kniestand. Sinken Sie angespannt wie ein Brett auf die Fersen (Seite 73).

## Baby-Schwan

▶ Setzen Sie sich mit gespreizten Beinen hin, legen Sie Ihr Baby dazwischen, mit den Füßen zu Ihrem Schritt. Nun mit gedrehtem Oberkörper die Arme mit dem Kopf neben Ihre Beine und zwischendurch über Ihr Baby senken (Seite 68).

# Programm für die ersten drei Wochen

Unser Rundum-Programm können Sie erst ganz turnen, wenn sich Ihre Rectusdiastase geschlossen hat. Deshalb finden Sie für die ersten etwa drei Wochen auf dieser Doppelseite ein schonendes Programm. Die Übungen sind vor allem dem Beckenboden gewidmet, sie tun aber auch etwas für Ihre schräge Bauchmuskulatur, Taille, Ihren Po und Busen. Turnen Sie die einzelnen Übungen ruhig etwas länger und intensiver – dann können Sie um so schneller das ganze Programm durchmachen.
Die genauen Erklärungen der Übungen finden Sie auf den angegebenen Seiten.

## Fisch auf dem Trocknen

(Seite 54)

## Kreuzweis

(Seite 56)

## Käfer auf dem Rücken

(Seite 58)

**TIP!**

Ihren Beckenboden können Sie im Alltag immer wieder unbemerkt trainieren (Seite 74): an der Haltestelle, im Wartezimmer, beim Telefonieren oder Fernsehen. Spannen Sie ihn einfach an, ziehen Sie nach, halten Sie, und entspannen Sie wieder.

## Sterbender Schwan
(Seite 68)

## Froschschenkel
(Seite 70)

## Vierfüßler
(Seite 69)

## Tempelsitz
(Seite 71)

**WICHTIG**

Für die Übungen benötigen Sie keine spezielle Kleidung und keine besondere Vorbereitung! Nur eine Turnunterlage – das kann eine Decke oder eine Isomatte sein – sollten Sie griffbereit haben.

## Rundum-Gymnastik

Wenn Sie turnen, dann soll es Ihnen auch Spaß machen. Denken Sie dabei nicht ständig nur an Taille, Hüfte und Bauch, denn das motiviert Sie auf Dauer nicht.
Die folgenden 20 Übungen sind so aufgebaut, daß sich der Schwierigkeitsgrad langsam steigert und sich eine Übung harmonisch aus der vorhergehenden ergibt. Turnen Sie die Übungen so intensiv, wie Sie können – und lassen Sie Musik dazu laufen. Das entspannt zusätzlich.
Achten Sie beim Turnen immer auch auf die (Bauch-)Atmung – das vertieft auch die Wirkung der Übungen!

**Eine einfache Übung zu Beginn: Beckenboden an- und entspannen.**

## Fisch auf dem Trocknen

### *für den Beckenboden*

ab 1. Woche • 6 mal turnen

Diese Übung können Sie von Anfang an machen. Sie ist um so wirkungsvoller, je intensiver Sie die Anspannungsphase turnen.

▶ Sie liegen ganz flach auf dem Rücken. Ihre Arme und Hände liegen seitlich neben dem Körper. Die Füße sind überkreuzt, als wären sie Flossen.

▶ Atmen Sie ein – drücken Sie dabei die Füße gegeneinander, und ziehen Sie gleichzeitig den Beckenboden nach oben – halten ...

▶ Atmen Sie aus – entspannen Sie dabei den Beckenboden und die Füße.

*Extra für den Bauch:* Im Moment der Anspannung den Kopf heben (ohne Hände!), halten und wieder senken.

*Mit Baby:* Bei dieser Übung können Sie Ihr Baby auf den Bauch legen. Es kann dabei Ihr Herz hören und Ihre Bauchmuskeln spüren.

## Guck in die Luft

***Gerade Bauchmuskulatur Beckenboden***

ab 3. Woche • 6 mal turnen

Diese Übung sollten Sie erst machen, wenn sich Ihre Rectusdiastase (Seite 12) wieder geschlossen hat.

▶ Sie liegen noch flach auf dem Rücken, stellen aber die Beine an und legen die Hände in den Nacken.

▶ Atmen Sie tief in den Bauch ein, ziehen Sie dabei den Beckenboden nach oben.

▶ Atmen Sie aus, heben Sie dabei den Kopf und die Ellenbogen an, und entspannen Sie den Beckenboden langsam.

▶ Lassen Sie beim Einatmen den Kopf wieder auf die Unterlage sinken, ziehen Sie den Beckenboden wieder an.

*Mit Baby:* Ihr Baby ruht bei der Übung vor Ihnen auf den Oberschenkeln. Halten Sie es an den Händen fest.

Bitte beim Kopfheben nicht mit den Händen nachhelfen.

## Kreuzweis

### *Schräge Bauchmuskulatur*

ab 1. Woche • 8 mal turnen

Diese Übung ist scheinbar sehr einfach und kann von Anfang an geturnt werden. Sie ist aber sehr wirkungsvoll, wenn Sie wirklich Hand und Knie mit aller Kraft gegeneinander drücken und diesen Druck auch halten.

▶ Sie liegen immer noch mit angestellten Beinen auf dem Rücken und haben die Hände hinter dem Kopf im Nacken.

▶ Atmen Sie ein, heben Sie dabei den Kopf. Halten Sie die Luft an, drücken Sie die rechte Hand und das linke Knie oberhalb des Nabels kräftig gegeneinander.

▶ Atmen Sie aus, stellen Sie dabei Ihr linkes Bein wieder an, und senken Sie Ihren Kopf mit den Armen auf die Unterlage.

▶ Atmen Sie wieder ein, heben Sie den Kopf, und halten Sie die Luft an. Jetzt die linke Hand über dem Körper gegen das rechte Knie drücken und halten.

▶ Atmen Sie wieder aus, und senken Sie dabei den Kopf. Stellen Sie die Beine wieder an.

Hand und Knie fest gegeneinanderdrücken.

## Seitenlage

### *Beckenboden*

ab 1. Woche • 6 mal turnen

Ständig in der Rückenlage zu turnen, kann unangenehm sein, wenn Sie zu Rückenschmerzen neigen. Deshalb kommt jetzt eine Übung in der bequemen Seitenlage. Sie können sie vom ersten Tag an turnen.

▶ Rollen Sie sich auf die Seite, legen Sie den Kopf auf den lang ausgestreckten, unten liegenden Arm. Stützen Sie die Hand des oberen Arms flach vor der Brust auf. Das untere Bein liegt ausgestreckt auf dem Boden, das obere im rechten Winkel aufgestellt. Stellen Sie den Fuß flach hinter den liegenden Schenkel.

▶ Spannen Sie nun beim Einatmen den Beckenboden an, und ziehen Sie ihn hoch, dabei den oberen Fuß fest gegen den Boden drücken.

▶ Danach ausatmen und wieder entspannen.

**TIP!**
Noch intensiver können Sie die Übung gestalten, wenn Sie beim Anspannen des Beckenbodens noch ein- oder zweimal »nachziehen«, wie bei einer Schraube, und Ihre Hüfte dabei anheben.

Mit angehobener Hüfte nur für Fortgeschrittene ab der 3. Woche!

Den Hals nicht hochdrücken.

## Käfer auf dem Rücken

***schräge Bauchmuskulatur***

ab 1. Woche • 4 mal turnen

Diese Übung ist ein »Klassiker« und kann schon im Wochenbett geturnt werden. Auch hier ist die Wirkung besonders intensiv, wenn Sie gleichzeitig den Beckenboden anspannen. Wenn Ihnen das am Anfang zuviel ist, beginnen Sie damit erst später.

▶ Rollen Sie sich wieder auf den Rücken, stellen Sie die Beine an, und nehmen Sie die Hände an den Nacken. Atmen Sie aus.

▶ Führen Sie beim Einatmen den rechten Ellenbogen und das linke Knie über dem Bauch zusammen, heben Sie dabei den Kopf – aber helfen Sie nicht mit den Händen nach! Spannen Sie gleichzeitig den Beckenboden an.

▶ Atmen Sie aus, entspannen Sie dabei den Beckenboden, und kommen Sie wieder in die Ausgangslage zurück.

▶ Atmen Sie wieder ein, und führen Sie nun den linken Ellenbogen mit dem rechten Knie zusammen. Spannen Sie den Beckenboden wieder an.

▶ Atmen Sie aus, und entspannen Sie dabei den Beckenboden. Kopf, Arme und Beine wieder in die Ausgangslage zurückführen.

Langsam zurückführen trainiert zusätzlich

## Schere

***schräge Bauchmuskulatur***

ab 3. Woche • 5 mal turnen

Diese Übung ist eine Weiterentwicklung der vorhergehenden und sehr wirkungsvoll. Versuchen Sie, das eine Bein wirklich fest auf dem Boden liegen zu lassen, selbst wenn es zunächst noch zwickt. Auch hier die Beine und Arme langsam wieder auf den Boden senken.

▶ Sie liegen wie bei der ersten Übung lang ausgestreckt auf dem Rücken. Atmen Sie ein.

▶ Kreuzen Sie beim Ausatmen den rechten ausgestreckten Arm mit dem linken ausgestreckten Bein über Ihrem Körper – der Kopf hebt sich dabei.

▶ Atmen Sie ein, und führen Sie Kopf, Arm und Bein zurück.

▶ Atmen Sie wieder aus, und kreuzen Sie nun den linken Arm mit dem rechten Bein. Heben Sie den Kopf leicht an.

▶ Atmen Sie ein, und kommen Sie in die liegende Position zurück.

**TIP!**
Sie können zwischen jedem Übungsteil immer einen Atemzug ohne Aktion einlegen – das entspannt und schützt vor Atemlosigkeit und Hektik.

Arme und Beine sollten ganz gestreckt sein.

## Schwimmen

### *Po, Rückenmuskulatur*

ab 3. Woche • 2 mal turnen

Bei dieser Übung kommen Sie sich vor wie ein Fisch beim Trockenschwimmen. Selbst wenn Sie Ihre Beine nur zentimeterweit von der Unterlage heben können – die Wirkung ist sehr intensiv, wenn Sie die Scherenbewegung langsam durchführen.

▶ Rollen Sie sich von der Rücken- in die Bauchlage. Legen Sie die Stirn auf die gekreuzten Hände.

▶ Heben Sie die gestreckten Beine langsam an – auch die Oberschenkel lösen sich dabei vom Boden.

▶ Öffnen Sie die Beine – zählen Sie bis fünf – und schließen Sie sie wieder.

▶ Wiederholen Sie diese Scherenbewegung am besten viermal – bei jedem Öffnen und Schließen bis fünf zählen. Dann die Beine geschlossen wieder senken.

*Variante:*
Sie können auch einen aufgeblasenen Luftballon zwischen beide Füße nehmen und die Beine mit diesem Ballon langsam heben und senken.

Wer zum Hohlkreuz neigt, schiebt sich vorher ein zusammengerolltes Handtuch unter den Bauch.

Nachfedern ist bei dieser Übung ganz wichtig.

## Schlange

### *Taille, Flanke, Beckenboden*

ab 3. Woche • 6 mal turnen

Hier wird etwas für die Taille getan – ohne daß der Kreislauf leidet. Versuchen Sie, gleichzeitig den Beckenboden zu trainieren. In den ersten drei Wochen nach der Entbindung sollten Sie die leichtere Variante turnen.

▶ Rollen Sie zurück auf den Rücken. Legen Sie die Hände unter den Nacken, strecken Sie die Beine aus. Atmen Sie ein.

▶ Atmen Sie aus, machen Sie eine Rumpfbeuge nach rechts, federn Sie einmal nach, dabei den Beckenboden entspannen.

▶ Atmen Sie ein, kommen Sie zur Mitte zurück, und spannen Sie den Beckenboden wieder an.

▶ Atmen Sie aus, machen Sie nun eine Rumpfbeuge nach links, federn Sie einmal nach, dabei den Beckenboden entspannen.

▶ Atmen Sie ein, kommen Sie zur Mitte zurück, und spannen Sie den Beckenboden wieder an.

*Variante für die 1.–3. Woche:*
Die Arme nicht unter dem Nacken verschränken, sondern parallel zum Körper legen.

## Schwebe-Beine

***glatte Bauchmuskulatur Beckenboden***

ab 3. Woche • 4 mal turnen

Hier zwiebelt's ganz schön im Bauch, auch wenn die Übung einfach aussieht. Sie dürfen sie aber erst turnen, wenn sich Ihre Rectusdiastase geschlossen hat. Versuchen Sie, den Beckenboden mitzutrainieren!

▶ Bleiben Sie in der Rückenlage, die Hände hinter dem Nacken verschränkt.

▶ Atmen Sie ein, schieben Sie das gestreckte rechte Bein so weit nach außen wie möglich, und ziehen Sie das linke parallel nach. Spannen Sie dabei möglichst den Beckenboden an.

▶ Atmen Sie aus, entspannen Sie den Beckenboden, und führen Sie beide Beine parallel einige Zentimeter über dem Boden in die Mitte zurück, Beine ablegen.

▶ Atmen Sie ein, spannen Sie den Beckenboden an, schieben Sie das linke Bein zur Seite, und ziehen Sie mit dem rechten nach.

▶ Atmen Sie aus, entspannen Sie den Beckenboden, und führen Sie beide Beine parallel dicht über dem Boden zur Mitte zurück.

Beine zuerst zurückführen, dann ablegen.

## Bauchtanz-Brücke

***glatte Bauchmuskulatur, Po, Taille***

ab 3. Woche • 4 mal turnen

Auch diese Übung erfordert eine geschlossene Bauchmuskulatur. Das Hüftkreisen erinnert an einen Bauchtanz und macht einfach Spaß. Versuchen Sie, die Kreise flach, aber ausladend zu ziehen. Nur nicht hudeln!

**Ihr Nacken soll gerade sein**

▶ Sie liegen auf dem Rücken, die Arme angewinkelt neben dem Kopf. Stellen Sie die Beine an, die Füße stehen dicht am Po. Der Körper bildet eine Schräge.

**TIP!**
Sie können diese Übung auch schon ab der ersten Woche turnen – aber ohne Beckenkreisen: Dann die Hüfte nur anheben und kreisen. Wenn Sie es schaffen, können Sie beim Kreisen gleichzeitig den Beckenboden anspannen.

▶ Kreisen Sie mit der Hüfte erst linksherum – sechsmal. Halten Sie die Brücke.

▶ Kreisen Sie nun ebenso intensiv sechsmal rechtsherum. Dann den Po auf den Boden senken, die Beine angestellt lassen.

**Po möglichst wenig absetzen.**

## Bein-Mühle

***Glatte Bauchmuskulatur***
***Po, Taille***

ab 1. Woche • 4 mal turnen

Diese Übung entwickelt sich harmonisch aus dem Hüftkreisen. Diesmal kreisen die ausgestreckten Beine im Wechsel. Ein Training, das gegen zuviel Fülle in der Mitte angeht.

▶ Strecken Sie sich in der Rückenlage wieder aus. Die Hände liegen verschränkt unter dem Nacken.

▶ Ziehen Sie mit dem rechten gestreckten Bein große Kreise – innen, oben, außen, unten; viermal wiederholen. Dann ohne abzulegen nochmals vier große Kreise andersherum. Nun dürfen Sie das Bein ablegen.

▶ Ziehen Sie nun mit dem linken gestreckten Bein große Kreise – ebenfalls viermal nach innen, oben, außen, unten. Dann ohne Pause die Richtung ändern und vier weitere Kreise ziehen. Das Bein ablegen.

**TIP!**
Wenn Sie die Übung mehrmals machen, können Sie zwei Atemzüge zwischendrin verschnaufen und dabei den Beckenboden an- und entspannen.

**Mit gestreckten Beinen große Kreise ziehen.**

## Pfauen-Rad

### *Glatte Bauchmuskulatur Bauch, Po, Taille*

ab 3. Woche • 10 mal turnen

Für diese Übung brauchen Sie links und rechts von sich etwas Platz. Wer's sanfter mag, turnt nur mit Baby. Fortgeschrittene machen die Übung mit gestreckten Beinen, die Arme anliegend.

▶ Sie liegen auf dem Rücken, die Hände bleiben im Nacken. Heben Sie die Unterschenkel so an, daß Rumpf-, Ober- und Unterschenkel eine Stufe bilden.

▶ Tippen Sie in Hüfthöhe mit Ihren Knien parallel rechts auf den Boden, drücken Sie dabei die Schultern gegen die Unterlage.

▶ Tippen Sie nun die Knie links auf den Boden, und führen Sie sie anschließend wieder nach oben.

▶ Stellen Sie am Ende der Übung die Beine wieder an.

*Mit Baby:* Legen Sie Ihr Kind mit dem Bauch so auf Ihre Unterschenkel, daß es Ihnen ins Gesicht blickt. Halten Sie es fest, und bewegen Sie Ihre Unterschenkel sanft vor und zurück.

Für Fitte: Mit gestreckten Beinen und angelegten Armen.

Kopf und Rücken sollten möglichst auf der Unterlage bleiben.

## Radfahren auf der Seite

### *Schräge Bauchmuskulatur Oberschenkel*

ab 3. Woche • 1 mal turnen

Diese Übung baut auf die vorherige auf. Sie werden sehen – es ist gar nicht so einfach, auf der Seite radzufahren. Hat sich Ihre Rectusdiastase erst geschlossen, können Sie auch auf dem Rücken liegend strampeln!

▶ Sie liegen noch immer auf dem Rücken, die Hände im Nacken, die Füße angestellt. Die Schultern bleiben bei der Übung möglichst auf der Unterlage.

▶ Die Knie fallen nach rechts, Sie fahren in riesengroßen Kreisen auf der Seite Rad – etwa 15mal, ohne den Boden zu berühren.

▶ Stellen Sie die Beine wieder an, die Knie fallen nach links. Dann wieder auf der Seite schwebend radfahren – etwa 15mal.

*Variante:*
Nachdem Ihre Bauchmuskulatur nicht mehr gedehnt ist, können Sie auch aus der Rückenlage heraus radfahren – vorwärts und rückwärts.
Dabei können Sie auch Ihr **Baby** auf den Bauch legen.

## Seitstütz

***Taille, Flanke, Oberarme***

ab 3. Woche • 3 mal turnen

Diese Übung ist nicht so anstrengend wie ein normaler Liegestütz. Doch wenn Sie alle Muskeln kräftig anspannen, ist sie sehr wirkungsvoll.

▶ Sie liegen auf der Seite, beide Beine parallel aufeinander. Ihr Oberkörper ist halb aufgerichtet. Der unten liegende Arm ist auf dem Ellenbogen aufgestützt, der obere Arm liegt auf der Hüfte.

▶ Spannen Sie Bauch, Po und Flanke an, und drücken Sie Ihren Oberkörper mit dem aufgestützten Arm hoch. Lassen Sie die Beine dabei gestreckt, so daß der Körper nur auf dem Unterarm und den Füßen ruht.

▶ Lassen Sie Ihren Körper langsam wieder in die Ausgangsposition sinken.

▶ Wiederholen Sie diesen Seitstütz 3mal, wie oben angegeben.

▶ Drehen Sie sich auf die andere Seite, und turnen Sie die Übung nun ebenso intensiv – mit Wiederholungen.

*Variante:*
Sie können anfangs den oberen Arm als zusätzliche Hilfe vorn abstützen. Fortgeschrittene heben den oberen Arm beim Seitstütz.

Den oberen Arm als zusätzliche Stütze, abgelegt oder angehoben – wie Sie es schaffen.

## Sterbender Schwan

### *Taille, Flanke*

ab 1. Woche • 6 mal turnen

Im letzten Viertel unserer Turn-Tour wenden wir uns verstärkt dem Oberkörper zu.

▶ Sie sitzen auf dem Boden, die gestreckten Beine so weit wie möglich gespreizt, die Arme ebenfalls gestreckt über dem Kopf, die Hände fassen sich.

▶ Drehen Sie Ihren Oberkörper nach rechts, beugen Sie dabei die Arme mit dem Oberkörper auf das linke Bein. Kommen Sie wieder hoch und zur Mitte zurück.

▶ Drehen Sie Ihren Oberkörper nach links, und führen Sie ihn mit den ausgestreckten Armen auf das rechte Bein. Kommen Sie wieder hoch und zur Mitte zurück.

*Mit Baby:* Legen Sie Ihr Kind zwischen Ihre Beine, seine Füße berühren dabei fast Ihren Schritt. Legen Sie nun zwischen den Rumpfbeugen links und rechts immer eine Beugung über Ihr Baby ein – begrüßen Sie es!

Sie können den Oberkörper dabei drehen oder nicht.

## Vierfüßler

### *Beckenboden*

ab 1. Woche
6 mal turnen

Diese Übung wird meist schon im Krankenhaus geturnt. Ziehen Sie den Bauch dabei nicht ein – das tut Ihrem Rücken nicht gut. Und erschrecken Sie nicht über Ihren »Hängebauch« – bald wird sich Ihr Gewebe erholt haben. Vor allem, wenn Sie fleißig turnen. Auch bei dieser Übung kann Ihr Baby zuschauen.

▶ Gehen Sie in den Vierfüßlerstand.

▶ Ziehen Sie den Beckenboden an: Denken Sie dabei an einen Lift, und fahren Sie mindestens in den vierten Stock. Atmen Sie bei der Übung ein, und machen Sie einen Katzenbuckel.

▶ Nun ausatmen, Bauch und Beckenboden hängenlassen, ja sogar vorwölben.

*Mit Baby:* Bei dieser Übung kann Ihr Baby unter Ihnen liegen. Legen Sie ihm eine warme Decke unter – es könnte frieren!

Wenn Sie mit Baby turnen, geben Sie ihm vielleicht ein Spielzeug in die Hand.

## Froschschenkel

### *Po, Oberschenkel, Hüfte*

ab 1. Woche • 3 mal turnen

Diese Übung baut auf der vorherigen auf – nur konzentrieren Sie sich jetzt auf die Beine. Dadurch werden andere Muskeln aktiviert.

▶ Sie bleiben im Vierfüßlerstand, gehen aber auf die Ellenbogen.

▶ Winkeln Sie das rechte Bein an, so daß die Fußsohle nach oben zeigt. Heben und senken Sie das Bein zwölfmal in schneller Abfolge nach oben. Das Bein ausschütteln und aufsetzen.

▶ Nun ist das linke Bein dran: Winkeln Sie es an, und heben Sie es zwölfmal, dann ausschütteln und absenken.

*Variante:*
Sie können das Bein auch seitlich anwinkeln und dann heben und senken – das trainiert andere Po-Muskeln.

Die Beine können gerade oder seitlich angewinkelt werden.

## Tempelsitz

***Brust, Oberarme***

ab 1. Woche • 6 mal turnen

Diese Übung trainiert den Brustmuskel und schont gleichzeitig Ihren Busen. Sie können sie auch im Stehen tagsüber zwischendurch machen.

▶ Knien Sie sich hin, setzen Sie sich auf die Fersen. Atmen Sie ein, spannen Sie dabei Ihren Beckenboden an.

▶ Nehmen Sie die Arme über den Kopf, legen Sie die Fingerkuppen aufeinander, und drükken Sie sie ruckartig fest gegeneinander. Wiederholen Sie diesen Druck fünfmal. Atmen Sie dabei ebenso ruckartig aus, und entspannen Sie den Beckenboden.

**WICHTIG**

Bitte stressen Sie sich nicht, wenn Sie nicht so rank und schlank wie unser Model sind. Ihr Wohlfühlgewicht kann ganz woanders liegen. Wichtiger ist, daß Sie sich in Ihrer Haut wohl fühlen und sich Ihren Körper Stück für Stück zurückerobern.

▶ Atmen Sie wieder ein, spannen Sie den Beckenboden an, und wiederholen Sie die Übung.

**Der Druck geht von den Fingerkuppen aus.**

*Variante:*

Sie trainieren bei dieser Übung zusätzlich Ihre Oberschenkel und Ihren Po, wenn Sie sich nicht auf die Fersen setzen, sondern kurz vorher halten.

## Flamme oder Bitte Bitte

***Brust, Oberarme***

ab 1. Woche • 12 mal turnen

Diese Übung trainiert noch einmal den Brustmuskel, aber auch die Oberarmmuskulatur und die der Finger. Durch die halbkreisförmige Bewegung hat sie etwas Beruhigendes, Abschließendes.

▶ Sie sind immer noch im Fersensitz und halten beide Arme vor sich, nach unten gerichtet, in Schenkelhöhe.

Die Arme wandern langsam nach oben.

▶ Die Fingerkuppen liegen aneinander. Rollen Sie die Hände über die Finger und die Handinnenflächen bis zu den Ballen ab. Drücken Sie die Hände fest gegeneinander, dann voneinander lösen.

▶ Halten Sie die Arme etwas höher. Rollen Sie die Hände wieder mit den Fingerspitzen beginnend bis zu den Ballen ab. Drücken Sie sie gegeneinander, und lösen Sie sie wieder.

▶ Wiederholen Sie diesen Rhythmus des Abrollens und Anspannens. Lassen Sie dabei die Arme nach und nach in sechs Schritten nach oben bis hinter den Kopf wandern.

▶ Anschließend den Rückweg über den Kopf bis zum Ausgangspunkt über den Schenkeln nach dem gleichen Schema durcharbeiten.

*Mit Baby:* Alle Übungen, die Sie im Knien machen, können Sie nicht in direkter Interaktion mit Ihrem Kind, aber mit Blickkontakt turnen. Betten Sie es warm neben sich auf den Boden. Oder machen Sie die Brust-Übungen im Stehen neben seinem Körbchen.

## Bügelbrett

### *Bauchmuskulatur, Po, Oberschenkel, Beckenboden*

ab 3. Woche • 6 mal turnen

Zum Schluß noch einmal ein Knüller: Diese Übung ist ganz schön schwierig, und Sie werden sie am Anfang noch nicht besonders gut hinkriegen. Aber Übung macht die Meisterin!

▶ Kommen Sie vom Fersensitz in den Kniestand. Strecken Sie die Arme in Schulterhöhe parallel nach vorn. Atmen Sie ein, spannen Sie den Beckenboden an.

▶ Atmen Sie aus, entspannen Sie dabei den Beckenboden. Spannen Sie Po und Oberschenkel an, und sinken Sie gerade wie ein Brett so weit wie möglich Richtung Fersen.

**Ob mit oder ohne Baby: ganz schön schwierig.**

▶ Atmen Sie ein, und entspannen Sie. Spannen Sie den Beckenboden an, und kommen Sie dabei ganz in den Fersensitz.

*Mit Baby*: Nehmen Sie Ihr Baby gerade in den Arm, kommen Sie in den Kniestand. Sinken Sie dann angespannt wie ein Brett auf die Fersen.

# Im Alltag geht's weiter

Vielleicht werden Sie nicht jeden Tag zum Turnen kommen. Aber Stehen und Gehen, Ihr Baby heben und tragen, das machen Sie bestimmt täglich ganz oft. Versuchen Sie, aus der Not eine Tugend zu machen, und bauen Sie kleine Übungen in Ihren Alltag ein. Das fängt schon beim Spaziergang an: Radeln oder Joggen geht am Anfang noch nicht, und auch beim Baby-Schwimmen kommt vor allem Ihr Baby auf seine sportlichen Kosten – Sie eher zu Gänsehaut. Aber ein zügiger Spaziergang mit gut gefedertem Babywagen ist eine tägliche Wohltat für Sie und Ihr Kind.

## Blitz-Übungen zwischen Tür und Angel

... mal eben zwischendurch

Sie können neben den vorgestellten Übungen auch eine Menge kleiner, aber effektiver Übungen in Ihren Alltag einbauen:

- Wenn Sie *Rückenverspannungen* haben, stützen Sie die Hände in die Taille, und lassen Sie Ihre Schultern nach hinten rollen. Ziehen Sie rhythmisch die Schultern hoch – und wieder fallen lassen.
- Ihrem *Rücken* tut auch Dehnen und Strecken gut: Fassen Sie beide Hände, ziehen Sie sie über den Kopf in die Höhe, und gähnen Sie am besten dabei.
- Wenn Sie *Krampfadern* oder *Durchblutungsstörungen* in den Füßen haben, gehen Sie auf Zehenspitzen, senken Sie die Füße wieder ab – immer weiter, bis die Füße schön warm sind.
- Den *Beckenboden* können Sie unbemerkt in aller Öffentlichkeit trainieren. Wenn Sie das täglich tun, werden Sie später keine Probleme haben. Gewöhnen Sie sich das Training des Beckenbodens in bestimmten Situationen an: beim Klingeln des Telefons, wenn Sie an einer Haltestelle warten oder immer, wenn Sie gerade etwas trinken. Stellen Sie sich einen Schwamm vor: Beim Einatmen wird er dick und weich, beim Ausatmen wird er zusammengepreßt – vom Zusammenziehen des Beckenbodens.

Immer & überall: Beckenbodentraining

## Die Nerven beruhigen

Das kennen Sie bestimmt: Sie sind todmüde, Ihr Baby schreit schon seit einer Viertelstunde, und Sie können es einfach nicht beruhigen. In solchen Momenten höchster Anspannung und nervlicher Belastung ist es oft besser, Sie legen Ihr schreiendes Baby in sein Körbchen und gehen ins Nebenzimmer. Schauen Sie auf die Uhr: Fünf Minuten Zeit sollten Sie sich und Ihrem Kind geben,

um zur Ruhe zu kommen.
Die folgende Übung kann Ihnen dabei helfen:

- Kontrollieren Sie zuerst Ihre Zunge. Liegt sie entspannt in der Mundhöhle?
- Atmen Sie kräftig aus und dann in den Bauch ein – wie Sie es bei der Geburtsvorbereitung gelernt haben.
- Stellen Sie sich breitbeinig hin, und spüren Sie Ihre Fußflächen auf dem Boden.
- Gehen Sie in Gedanken durch Ihren ganzen Körper, und spüren Sie jede Verspannung auf.
- Schließen Sie die Augen, und atmen Sie in den Bauch. Achten Sie darauf, kräftig auszuatmen, vielleicht auch mit einem Ton.

Nach einigen Minuten werden Sie sich regeneriert haben. Und Ihr Baby ist vielleicht inzwischen auch zur Ruhe gekommen.

**TIP!**

**Musik entspannt Mutter & Kind**

Entspannungsmusik von einer CD oder Kassette tut Mutter & Kind gut. Auch Schlaflieder, die auf uralten Tonfolgen aufbauen, entspannen. Singen löst Verkrampfungen und wirkt wie Atemübungen.

## Welcher Sport tut jetzt gut?

Wenn Sie stillen, sollten Sie intensive Anstrengung vermeiden: Ihrem Baby schmeckt sonst durch die Lactatbildung die Milch nicht mehr. Außerdem ist ein Stillbusen noch anfällig für Infektionen. Intensives Joggen, Seilspringen, Aerobic, Konditionstraining – kurz, jedes Hopsen und Hoppeln – erschüttert die inneren Organe, den Beckenboden und den Busen zu sehr. Empfehlenswert sind dagegen:

**Viel Bewegung, aber kein Leistungssport**

- Spazierengehen und Wandern
- Radfahren – allerdings am Anfang noch ohne Ihr Baby. Sobald es aber sitzen kann, macht das Radfahren beiden großen Spaß.
- Tanzen – vor allem Standardtänze, aber auch Volkstänze oder Ballett – vorausgesetzt, es ist nicht mit Sprüngen und Erschütterungen verbunden.
- Rückenschule, also Gymnastik bei Rückenproblemen, wird Ihnen besonders guttun.
- Krafttraining sollten Sie nur unter fachkundiger Beratung und Betreuung machen: Stemmen, Heben und Hopsen sind tabu!
- Golf ist natürlich auch ein idealer Sport für Mutter und Kind – wenn auch noch ein bißchen elitär.

# Es ist ein Kreuz ...

... mit dem Kreuz. Vielleicht gehören Sie zu den Glücklichen und haben die Schwangerschaft und sogar die Entbindung ohne Rückenschmerzen überstanden. Spätestens in dem Moment, wo Sie Ihr Baby von morgens bis abends wickeln, tragen und stillen, fängt das Ziehen vermutlich aber auch bei Ihnen an. Und je schwerer Ihr Kind wird, desto anstrengender wird es für Sie.

## Wickeln Sie im Stehen

Sie sollten Ihr Baby wickeln können, ohne einen Buckel zu machen. Wenn Sie bereits eine Wickelkommode haben, die zu niedrig ist, versuchen Sie sie mit Hilfe von Holzplatten oder -klötzen aufzubocken – es lohnt sich!

## Heben Sie richtig

Wenn Sie eine schwere Last – ganz gleich ob es Ihr Baby oder der Einkaufskorb ist – hochheben, gehen Sie zuvor immer in die Knie, halten Sie den Oberkörper senkrecht, und richten Sie sich gerade auf.
Wenn Sie Ihr Baby aus dem Bett heben, gehen Sie parallel zum Bett leicht in die Grätsche. Hängen Sie sich mit den Achseln am Rand des Bettes ein, halten Sie dabei den Rücken möglichst gerade, und holen Sie in dieser Position Ihr Baby zu sich heran.

Richtig: Sie gehen in die Knie, der Rücken bleibt gerade.

Falsch: Ihre Beine sind gerade, und Ihr Rücken ist krumm.

Richtig: Sie stehen gerade und tragen Ihr Kind eng am Körper.

Falsch: Sie stehen krumm, Ihr Baby sitzt auf Ihrer Hüfte.

## Tragen Sie Ihr Kind richtig

In Afrika und Asien tragen arbeitende Frauen ihr Baby rund um die Uhr auf dem Rücken, dem Bauch oder den Hüften. Auch bei uns haben sich Tragetuch und -beutel eingebürgert: Ihr Kind ist dicht bei Ihnen, fühlt, hört und riecht Sie. Das tut ihm gut. Sie selbst sind viel mobiler, und Rolltreppen, Straßenbahnen, Busse und Treppen sind keine Hindernisse mehr. Sie haben in der Regel beide Hände frei für andere Arbeiten oder für die älteren Geschwister. Voraussetzung ist allerdings, daß das Baby für Sie nicht zu schwer ist. Außerdem muß sich der Stoff der Tragehilfe eng um das Kind schmiegen und sein Köpfchen stützen. Nur so werden die Erschütterungen beim Gehen aufgefangen und belasten nicht schon jetzt die zarte Wirbelsäule. Bei der Hausarbeit geht's dem Kind auf dem Rücken am besten: es wird enger an Sie gedrückt. Auch Ihrer Wirbelsäule bekommt die Rückenbelastung besser. Allerdings haben Sie dann keinen Blickkontakt zu Ihrem Kind. Wenn es sein Köpfchen gut halten kann, können Sie es sich deshalb auch auf die Hüfte binden. Das tut außerdem seinen Hüftgelenken gut.

**WICHTIG**

Stehen Sie aufrecht mit dem Gewicht auf beiden Beinen, und halten Sie Ihr Kind eng an Ihren Körper. Wenn Sie länger stehen, setzen Sie einen Fuß auf eine Schwelle oder einen Bordstein – das entlastet Ihr Kreuz.

# Die besten Wohlfühl-Tips

Wer gut aussieht, fühlt sich auch gleich besser. Das ist gerade für eine junge Mutter wichtig. In den ersten Wochen und Monaten dreht sich noch alles um Ihr Baby. Doch nach einiger Zeit wächst Ihr Wunsch, wieder etwas für sich selbst zu tun, um sich wohl und schön zu fühlen. Das geht mit weniger Aufwand, als Sie befürchten. Da Ihre Zeit knapp ist und Sie sicher oft erschöpft sind, haben wir für Sie ein paar einfache Tips für Entspannung, Pflege und Massage zusammengestellt, die Sie auch in einem turbulenten Tag unterbringen können. Denn täglich ein bißchen bewirkt mehr als ein Schönheitswochenende im Monat. Auch Liebe und eine erfüllte Sexualität sind wichtige Quellen für Ihre Kraft und Ausstrahlung.

# Nutzen Sie jede Gelegenheit zum Ausruhen

Es dauert wahrscheinlich Monate, bis Ihr Kind seinen Rhythmus gefunden hat und nachts durchschläft – wenn auch nicht immer. Oft sind Mütter in den ersten Jahren chronisch übermüdet: Wenn das Baby schläft, werden alle Arbeiten erledigt, und kaum ist die Mutter dann fertig, ist das Baby wieder fit. Oder die Mutter ist zu überreizt, um sich überhaupt entspannen zu können. Das muß nicht sein: Schließlich braucht Ihr Baby mehr Schlaf als Sie – das ist Ihre Chance!

## So kommen Sie zur Ruhe

Mütter haben in den ersten Monaten oft einen besonders leichten Schlaf, den sogenannten Ammenschlaf. Braucht Ihr Baby nachts keine Mahlzeit mehr, sollten Sie es deshalb in seinem eigenen Zimmer schlafen lassen – aber in Hörweite. Sorgen Sie dafür, daß Ihr Schlafzimmer wirklich ein Ort des Rückzugs ist: kein Radio, kein Fernsehen – das macht das Einschlafen schwerer. Aber auch keine Flick- und Bügelwäsche und keine Berge von unbeantworteten Glückwunschkarten, die Sie an Ihre Pflichten erinnern. Lassen Sie ab mittags alles, was aufputscht, weg: Denn nach der vierten Tasse wirkt auch der Kaffee nicht mehr – und wenn Sie dann endlich schlafen möchten, sind Sie zu überdreht. Achten Sie konsequent darauf, zu Ihrer wohlverdienten Ruhe zu kommen: Wenn Sie schlafen, lassen Sie sich von nichts stören – ein Anrufbeantworter kann dabei sehr nützlich sein.

**Das Schlafzimmer als Ort des Rückzugs**

**Nutzen Sie Hilfsmittel**

### Rituale helfen

Nicht nur Ihrem Kind, auch Ihnen hilft ein Rahmen, der den Tag zusammenhält. Nutzen Sie die Wachphasen Ihres Babys für Spaziergänge und Hausarbeiten. Sorgen Sie dafür, daß Ihr Baby vor Ihrer Ruhephase satt und müde ist. Bevor Sie ins Bett gehen, sollten Sie etwas gegessen haben – und wenn es nur ein Müsli ist. Kochen Sie sich einen »Schlaftee« – in der Apotheke gibt es spezielle Mischungen. Oder trinken Sie warme Milch mit Honig. Auch ein Glas Rotwein entspannt vor dem Schlafengehen – vorausgesetzt, Sie

**TIP!**

**Schlaffördernde Tees**
Baldrianwurzel, Hafer, Hopfen, Lavendel- und Orangenblüte, Melisse, Passionsblumenkraut.
Nehmen Sie 1 TL pro Tasse, und lassen Sie den Tee 10 Minuten ziehen.

stillen nicht mehr. Eine zusätzliche Wirkung haben ätherische Öle im Bad, in der Duftlampe oder im Massageöl.

## Düfte tun gut

Es sind die ätherischen Öle, die für Duft und Aroma von Blüten und Kräutern verantwortlich sind. Daß sie auch eine heilende Wirkung haben, ist inzwischen wissenschaftlich bewiesen. Sie bekommen sie im Naturkostladen oder in der Apotheke. Bevorzugen Sie natürliche Öle: Nur sie enthalten wirklich alle Wirkstoffe. Verwenden Sie sie nur tropfenweise, denn sie sind hochwirksam. Am besten, Sie mischen 100 ml Weizenkeim- oder Mandelöl mit 10 Tropfen Aromaöl. Dieses Öl können Sie für eine Massage oder als Badezusatz verwenden. Für die Aromalampe geben Sie ein paar Tropfen in das Wasserschälchen. Probieren Sie aus, welche Aromen Ihnen besonders guttun:

**Suchen Sie Ihren Lieblingsduft**

- beruhigend-entspannend: Lavendel, Rose, Bitterorange, Muskatellersalbei
- entspannend-aufheiternd: Pfefferminze, Geranium, Zedernholz, Zitrone

## Atmung wirkt oft Wunder

In der Geburtsvorbereitung haben Sie beruhigendes Atmen in den Bauch kennengelernt. Setzen Sie es jetzt ein, um sich zu erholen. Sie können Atem-Entspannung ganz gemütlich im Sitzen machen: Legen Sie beide Hände auf Ihren Bauch, und fühlen Sie, wie er sich beim Atmen hebt und senkt. Gehen Sie in Gedanken durch den ganzen Körper, und atmen Sie nacheinander in jeden Körperteil hinein. Wo Sie Verspannungen fühlen, atmen Sie länger. Nehmen Sie sich fürs Atmen mindestens fünf Minuten Zeit. Und danach noch zwei Minuten, um zurückzukommen. Natürlich können Sie auch im Stehen atmen – am besten immer, wenn Sie merken, daß Sie gestreßt und verspannt sind. Noch wirkungsvoller ist eine solche »Sauerstoffdusche«, wenn Sie dabei eine Aromalampe anzünden und Entspannungsmusik hören. Diese kann auch schreiende Babys schnell beruhigen – allerdings nicht, wenn sie als Dauerberieselung eingesetzt wird.

**Bewußtes Atmen entspannt**

# Die Liebe »danach«

Sie haben ein Kind geboren – und sich von einer völlig neuen Seite kennengelernt. Ihr Mann hat diese Wandlung verfolgt und innerlich nachvollzogen – auf seine Art. Sie sind nun zu dritt – aber trotzdem immer noch und gerade jetzt ein Paar. Entdecken Sie Ihre Zweisamkeit wieder – trotz und wegen Ihres Kindes.

**Die Partnerschaft verändert sich**

## Lassen Sie sich Zeit

Das Wochenbett, also die ersten sechs bis acht Wochen nach der Entbindung, ist seit jeher eine Zeit, in der die junge Mutter geschont wird. Diese Schonfrist sollten auch Sie sich und Ihrem Körper gönnen. Ärzte raten meist, in dieser Zeit auch auf Geschlechtsverkehr zu verzichten, insbesondere bei einem Dammschnitt. Sexuell enthaltsam müssen Sie deshalb aber nicht leben. Setzen Sie sich jedenfalls nicht unter Druck – auch nicht als Geliebte. Das erste Mal nach der Geburt ist für Sie beide vielleicht eine Hürde. Gehen Sie behutsam miteinander um, und sprechen Sie über Ihre Ängste und Unsicherheiten.

## Ihr Beckenboden

In jedem Fall ist Ihr Beckenboden durch die Geburt gedehnt, und Sie haben in den ersten Wochen Mühe, ihn zu spüren. Durch regelmäßiges Training kann er aber schon nach acht Wochen seine ursprüngliche Festigkeit zurück-

**Zweisamkeit ist jetzt besonders wichtig.**

gewinnen. Ja, vielleicht wird er sogar kraftvoller als zuvor, weil Sie ihn früher gar nicht spürten. Nichts trainiert Ihren Beckenboden so intensiv und lustvoll wie die Liebe. Fragen Sie Ihren Partner, ob er die Kontraktionen Ihres Beckenbodens spürt. Versuchen Sie beim Geschlechtsverkehr, seinen Penis in sich zu halten. Sie selbst entwickeln durch das Bewußtsein Ihrer inneren Muskulatur eine viel höhere Sensibilität – die Sie vielleicht ohne Schwangerschaft und Geburt nie kennengelernt hätten!

**Ein trainierter Beckenboden steigert Ihr sexuelles Empfinden**

## Neue Sinnlichkeit

Aber auch der Umgang mit Ihrem Baby macht Sie sinnlicher. Denn Stillen, Baden, Wickeln, Wiegen sind immer mit Berührung und Zärtlichkeit verbunden. Sie riechen Ihr Kind und lernen es durch und durch kennen. Auch Ihr Partner wird diese neue Körperlichkeit und Ihre gewachsene Sinnlichkeit entdecken. Ihre Sexualität kann dadurch eine neue Tiefe und Erfüllung finden, die Ihnen auch Kraft für den anstrengenden Alltag geben kann.

### Sie sind liebenswert!

Eine Befragung der Zeitschrift *Eltern* ergab, daß die meisten Männer ihre Frau nach einer Entbindung unverändert attraktiv fanden, ein erheblicher Teil von ihnen beurteilte seine Frau sogar als schöner, weicher, weiblicher als zuvor.

Viele Frauen dagegen waren mit sich unzufrieden, fanden sich zu dick, unattraktiv und unschön. Wenn Sie auch zu dieser Gruppe von Frauen gehören, sollten Sie vielleicht einmal mit Ihrem Mann über Ihre Unsicherheiten und Ängste reden. Denn sie hemmen Ihre sexuelle Entfaltung. Lernen Sie, sich mit Ihrem Körper zu akzeptieren und zu mögen. Ihr Körper hat Höchstleistungen vollbracht, deren Spuren er auch tragen darf. Stehen Sie dazu – Sie sind auch mit weichem Bauch und schwerem Busen liebenswert und schön. Messen Sie sich nicht mit Models – machen Sie sich doch einmal den Unterschied zwischen dekorativ und attraktiv bewußt!

**Liebe macht einfach schön**

Das heißt natürlich nicht, daß Sie sich gehenlassen sollten. Denn schließlich sind Sie auf dem Höhepunkt Ihres Lebens als Frau. Und je pfleglicher Sie mit sich umgehen, desto besser wird es Ihnen bekommen. Tun Sie, was Sie können – dieses Buch will Ihnen dabei helfen. Schonen Sie sich aber auch, wenn es geht. Und genießen Sie die Liebe mit Ihrem Partner.

# Tips, wenn die Haut schlapp macht

Ihre Haut hat Erstaunliches geleistet: Wie ein Luftballon hat sie sich ausgedehnt. Und nun, wo »die Luft raus« ist, sieht sie nicht mehr ganz so knackig aus. Je jünger Sie sind und je kräftiger Ihr Bindewebe ist, desto weniger wird man Ihrer Haut die Strapazen ansehen. Doch viele Frauen klagen über schlaffe Haut, Pigmentflecke, Cellulite, Krampfadern und Schwangerschaftsstreifen. Zur Beruhigung: Selbst wenn Sie gar nichts tun, wird sich Ihre Haut nach einem Jahr deutlich erholt haben. Und wenn Sie diesen Prozeß unterstützen, kann Ihre Haut schöner werden als zuvor. Denn jetzt, wo alles in Ihrem Organismus in Bewegung geraten ist, reagiert auch das Gewebe besonders empfänglich auf Pflege und Training.

**Vieles schafft die Haut auch von allein**

## Das Bindegewebe: wie Bienenwaben

Die Haut schützt unseren Körper, sie dient dem Temperaturausgleich und der Ausscheidung. Und sie ist immer ein Spiegel unseres Gesundheitszustandes. Die Haut besteht aus drei Schichten: Ober-, Leder- und Unterhaut. In der Leder- und Unterhaut sitzt das bienenwaben-förmige Bindegewebe, und in den einzelnen Waben sind die Fettzellen und das Wasser eingeschlossen. Bewegungsmangel, schlechte Nährstoffversorgung und fehlende Durchblutung führen dazu, daß die Fettzellen aufquellen, sich Wasser ansammelt und sich so die oberen Hautschichten dellenförmig auswölben: Das ist Cellulite. Und sie entwickelt sich da, wo wir unser Fett deponieren: an Gesäß, Hüfte, Oberschenkeln und Oberarmen.

**Cellulite entsteht an den Fettdepots**

### Cellulite – was tun?

Das tollste Training nützt nichts, wenn Sie zuviel wiegen. Der erste Schritt gegen Cellulite ist deshalb das Normalgewicht (BMI, Seite 16). Doch das allein reicht nicht. Im Gegenteil: Nach einer Gewichtsabnahme ist das Bindegewebe besonders locker. Crash-Diäten können ihm erheblich zusetzen und sollten nicht nur deshalb tabu sein. Erst Muskeltraining gibt dem Bindegewebe wieder Halt. Denn durch Bewegung werden die Durchblutung und die Muskelspannung (Tonus) verbessert – die Ver- und Entsorgung funktioniert wieder besser. Alle Übungen für Oberschenkel, Po und Flanke sind deshalb bei Cellulite besonders wirksam. Dazu kommt Bewegung: Spazierengehen, Schwimmen, Radfahren und Tanzen.

**Nur Regelmäßigkeit zeigt Wirkung**

## Drainage durch Massage

Sie können Ihr Gewebe aber auch äußerlich behandeln. Cremes allein helfen kaum – egal, was die Werbung verspricht. Sehr wirkungsvoll dagegen ist eine Lymphdrainage durch einen Physiotherapeuten (in der Regel nicht von der Krankenkasse bezahlt).
Durch eine schlichte Trockenmassage mit dem Luffa-Handschuh können Sie Ihre Durchblutung auch selbst in Schwung bringen. Das unterstützt zusätzlich die Entwässerung. Massieren Sie immer in kreisenden Bewegungen zum Herzen hin (Seite 90).
Oder lassen Sie sich von Ihrem Partner den Rücken im Liegen massieren – das entwässert zwar nicht, entspannt aber und tut einfach gut.
Eine Mischung aus Lymphdrainage und Massage bieten neuerdings sogenannte Rollstudios an (in Fitneß- oder Sonnenstudios): Rotierende Noppenstäbe aus Holz sollen die Durchblutung und Drainage anregen – die Intensität bestimmen Sie selbst, während Sie am Gerät arbeiten.

**Naturbürsten, Luffa-Schwämme und -Handschuhe: wohltuend für die Haut.**

## Das schwemmt aus

Sie können Ihren Körper dabei unterstützen, das eingelagerte Wasser und andere Substanzen auszuscheiden. Legen Sie ab und zu einen Entlastungs- oder Aufbautag (Seite 44/45) ein: Da Sie dann kein Salz zu sich nehmen, haben Sie einen Kalium-Überschuß. Ihr Körper scheidet deshalb vermehrt Wasser aus. Besonders geeignet ist ein Reistag. Viel Obst und Gemüse und wenig Salz unterstützen das Ausschwemmen kontinuierlich.
Alles, was die Verdauung anregt (Seite 86), hilft auch bei Cellulite. Wichtig: viel, am besten täglich zwei bis drei Liter trinken – auch das schwemmt aus.

**TIP!**

**Das regt Ihre Verdauung an:**

- Tee aus Brennesselblättern, Löwenzahn, Schachtelhalm und Birkenblättern (Apotheke).
- Morgens 1 EL gelbe Leinsamen im Müsli oder pur – danach 2 Gläser Wasser trinken.
- Kompott aus 1 kg Äpfeln mit 2 Tassen Wasser und 200 g kleingeschnittenen Kurpflaumen, mit Ingwer und Milchzucker abgeschmeckt.
- Nüchtern 1 Glas Wasser mit 1 TL Honig und 1 TL Apfelessig.

## Vorsicht: Krampfadern

Bei vielen Frauen treten Krampfadern zum ersten Mal in der Schwangerschaft auf (Seite 17). Manchmal verlieren sie sich, nachdem sich der Körper regeneriert hat. Am wirkungsvollsten ist tägliche Gymnastik. Bevor Sie mit einer Massage beginnen, sollten Sie mit Ihrem Arzt sprechen: Das Massieren kann nämlich die ohnehin gedehnten Venen zu sehr strapazieren.

Sie können mit speziellen Übungen Ihre Venen entlasten: Legen Sie sich auf den Rücken, und lehnen Sie Ihre Beine senkrecht an die Wand, spannen Sie die Beine immer wieder an, drücken Sie dabei die Füße aneinander. Gehen Sie so oft wie möglich barfuß und dabei in den Zehenstand. Versuchen Sie, zwischendurch immer mal die Beine hochzulegen, um die Venen zu entlasten. Tragen Sie Stützstrumpfhosen, solange Krampfadern deutlich sichtbar sind. Ob eine Verödung der Krampfadern oder eine Operation für Sie in Frage kommt, müssen Sie mit Ihrem Arzt besprechen.

Vorbeugung ist wichtig

## Schwangerschaftsstreifen

Risse im Bindegewebe, die durch Überdehnung zustande kommen, treten meist an Bauch, Oberschenkel und Busen gegen Ende der Schwangerschaft auf. Zunächst sehen die Schwangerschaftsstreifen rot aus, dann verschwinden sie fast zu feinen weißen Narben. Sind sie erst einmal da, sollten Sie das Gewebe nicht strapazieren und höchstens zart mit Öl massieren. Übrigens: Auch durch starke Gewichtszunahme können Sie Streifen bekommen.

## Wärme & Sonne – Sauna & Solarium?

Gegen einen Saunagang ist nichts einzuwenden, denn danach ist Ihre Haut rosig und knackig, weil die Durchblutung besonders angeregt wurde. Gleichzeitig befreit sich der Körper durch das Schwitzen von Flüssigkeit, und die Haut reinigt sich von innen. Nur wer Probleme mit zu hohem Blutdruck hat, sollte vorsichtig sein.

Auch Licht und Sonne wirken insgesamt vitalisierend auf unseren Organismus. Und Sonne auf Ihrer Haut sorgt für Vitamin D – das kommt während der Stillzeit auch Ihrer Milch zugute.

Pigmentflecken nur vorübergehend

Während der Schwangerschaft und einige Monate danach kann es zu Pigmentstörungen der Haut kommen – dunkle Flecken auf dem Körper, die aber bald wieder von selbst verschwinden.

Fühlen Sie sich in der kalten Jahreszeit traurig und abgespannt, können auch ein paar Minuten auf der Sonnenbank guttun. Stundenlange Sonnenbäder allerdings trocknen die jetzt ohnehin strapazierte Haut weiter aus und lassen sie altern. Außerdem erhöhen sie bekanntlich die Gefahr von Hautkrebs.

## Wechselbad & Wassertreten

Wenn Sie Probleme mit Krampfadern und schweren Beinen haben, können Sie durch Wechselbäder die Durchblutung anregen: Bereiten Sie ein warmes Fußbad mit etwas Rosmarinöl zu. Nach zwei Minuten die Füße eiskalt abduschen, dann wieder warm eintauchen. Und wer die Chance hat, über nasse Wiesen oder durch flaches Wasser zu gehen: Auch das bringt die Blutzirkulation und die Lymphe in Schwung.

## Einfach eintauchen oder abbrausen?

Duschen bekommt der Haut besser

Für die Haut ist Duschen mit klarem Wasser schonender als ein Vollbad – Seife nur für die Achselhöhlen, den Intimbereich und die Füße verwenden, so trocknet die Haut weniger aus. Meist werden Sie mit Baby auch nicht für mehr als eine Dusche Zeit haben. Vorher eine Abwaschung mit einer Mischung aus 6 EL Obstessig und 1 l Wasser wirkt anregend. Das Vollbad ist geeigneter, wenn Sie sich entspannen und verwöhnen möchten. Verwenden Sie Aromaöle (Seite 81), je nachdem, ob Sie nach dem Baden schlafen möchten oder nicht.

**TIP!**

**So entwässern Sie beim Baden**
Geben Sie 500 g Meersalz und eine Mischung aus 1 l warmer Milch und 1 Tasse Honig ins Badewasser: Das Salz zehrt, die Honigmilch pflegt. Wenn Sie es danach noch schaffen, eine Viertelstunde im Bett zu schwitzen, haben Sie Ihre Haut sehr gründlich gereinigt. Vergessen Sie nach Duschen und Baden das Eincremen nicht!

Ein Bad kann aber auch entwässern und pflegen. Lassen Sie es nicht heißer als 37 Grad werden und nicht länger als 15 Minuten dauern – sonst trocknet es die Haut zu sehr aus.

## Gesichtspflege

Es kann sein, daß Sie durch die Hormonumstellung eine trockene Haut bekommen haben. Und daß Ihr Gesicht durch Schlafmangel, falsche Ernährung und Flüssigkeitsverlust ein wenig zerknittert aussieht. Neben der üblichen Pflege hilft ab und zu eine Maske. Nehmen Sie einfache, preiswerte Zutaten. Tragen Sie nach der Reinigung der Haut den Mix auf, sparen Sie dabei die Augen aus (außer bei den Gurkenscheiben), und lassen Sie die Maske 20 Minuten einwirken. Noch stärker wirkt sie, wenn Sie ein mit sehr warmem Wasser getränktes Tuch darüberbreiten. Legen Sie sich hin und atmen Sie bewußt und entspannt. Nehmen Sie dann die Maske ab und reinigen Sie Ihr Gesicht gründlich mit viel lauwarmem Wasser. Tragen Sie anschließend Ihre Tagescreme auf.

**Weizenkeimöl für Haut & Haare**

### Blitzmassage fürs Gesicht

Verbinden Sie morgens und abends das Eincremen mit einer entspannenden Massage mit gestreckten Fingerspitzen:

- Streichen Sie von der Kinnmitte zum Ohrläppchen 8mal im Wechsel links und rechts.
- Streichen Sie von unten nach oben die Mundpartie parallel vom Kinn bis zu den Nasenflügeln 20mal.

**TIP!**

**Gesichtsmasken**

***Bei trockener Haut:***

- 1 reife Banane mit 1–2 EL Sahne cremig rühren.
- 1/2 Avocado mit 1/2 Eigelb und etwas Zitronensaft mischen.

***Bei müder Haut:***

- 4–6 EL Haferflocken mit Sahne streichfähig rühren, anwärmen.
- Gurkenscheiben (auch auf die Augen!).
- Einige Erdbeeren zerdrücken, mit 1 TL Honig und 2–3 EL Quark verrühren.
- 1 große Pellkartoffel zerdrücken, mit 1 Eigelb und Milch verrühren, sehr warm auftragen.

- Streichen Sie parallel mit der Spitze der Mittelfinger um die Nasenflügel – 10mal von oben nach unten.
- Streichen Sie 10mal parallel von der Nasenwurzel über die Augenbrauen bis zur Schläfe.
- Kreisen Sie parallel mit den Spitzen der Mittelfinger sanft um die Augen – 10mal von außen unten über die Winkel und über das Lid zurück.
- Massieren Sie die Wangen vom Mund bis zu den Ohren sanft kreisend.
- Streichen Sie mit der rechten Hand vom linken Ohr schräg über den Hals bis zur rechten Seite des Dekolletés, dann auf der linken Seite, jeweils 10mal.

## Haarpflege

**Haarausfall beim Abstillen nur vorübergehend**

Beim Abstillen oder schon etwas früher werden Sie vermutlich eine Menge Haare verlieren. Das läßt sich nicht vermeiden – doch wachsen Ihre Haare in alter Fülle wieder nach. Inzwischen heißt die Devise: schonen und pflegen. Verzichten Sie möglichst auf Dauerwellen oder Färben, was Ihr Haar in der ersten Zeit nach der Entbindung ohnehin oft nicht gut annimmt. Lassen Sie sich vor allem einen pflegeleichten Haarschnitt verpassen, oder tragen Sie Ihre Haare halblang – denn viel Zeit werden Sie für Frisuren in nächster Zukunft nicht haben.
Wichtig ist die Pflege der Haarspitzen: Nehmen Sie ein paar Tropfen Weizenkeimöl auf die Fingerspitzen, und reiben Sie die Haarspitzen nach dem Waschen damit ein. Versuchen Sie, die Haare an der Luft trocknen zu lassen – heißer Fön ist Gift. Rubbeln Sie die Haare nie trocken – das macht sie brüchig. Auch Sonnenbaden greift die Haare an – am besten, Sie tragen in der Sonne einen Sonnenhut oder ein Tuch. Benutzen Sie nur mildes Shampoo, und machen Sie ab und zu eine Haarpackung.
Vergessen Sie nicht: Ihr Haar wird von innen ernährt. Hefeflocken, Milchprodukte, Hirse, Weizenkeime, Fisch und Fleisch sowie Seealgen – auch als Präparat – sind eine Wohltat für Ihr Haar und wirken langfristig. Streß und Krankheit dagegen machen Ihr Haar müde und matt. Da hilft nur Schlaf und Schonung.

**TIP!**

**Haarpackung:**
Mischen Sie unter 1 Eigelb – je nach Haarlänge – 1 bis 5 EL Weizenkeimöl. Am besten lauwarm auftragen – etwa 1 cm oberhalb des Haaransatzes beginnen. Eine Duschhaube aufsetzen, Handtuch darumwickeln und 1 Stunde lang einziehen lassen – der Kopf sollte warm bleiben. Dann normal waschen.

## 20 Minuten für Ihre Schönheit

Sicher fehlt Ihnen jetzt die Zeit für ein Erholungswochenende oder eine Sitzung bei der Kosmetikerin. Das ist nicht so schlimm, denn am wirkungsvollsten ist ohnehin die tägliche Pflege – die Sie nur 20 Minuten kostet. Wenn Sie es besonders eilig haben, lassen Sie beim nun folgenden 10-Punkte-Programm abwechselnd die Gymnastik und die Bürsten- oder Gesichtsmassage weg.

### 1. Beauty-Drink

Pressen Sie 1/2 Zitrone aus, mixen Sie sie mit 0,2 l Molke, 1 TL Bienenhonig, 1 TL Weizenkeimöl und 1 TL Hefeflocken im Schüttelbecher, und trinken Sie das Ganze mit dem Strohhalm innerhalb der nächsten 20 Minuten.

### 2. Haarspitzen

Reiben Sie mit den Fingern Weizenkeimöl in die Haarspitzen und setzen Sie dann eine Duschhaube auf – das verstärkt die Wirkung des Öls. Haben Sie kurze oder sehr fette Haare, können Sie auch eine andere Haarpackung (Seite 89) auftragen.

### 3.–6. Grund-Gymnastik

Turnen Sie vier Grundübungen vom Poster. Oder suchen Sie vier Übungen aus, die Ihre Problemzonen bearbeiten: zum Beispiel Bauch oder Po und Oberschenkel. Vergessen Sie die Beckenboden-Gymnastik nicht!

### 7. Bürstenmassage

Massieren Sie Ihren ganzen Körper mit einer Bürste oder einem Luffa-Handschuh. Beginnen Sie mit der rechten Fußsohle, massieren Sie mit kreisenden Bewegungen das ganze Bein hinauf, dann dasselbe mit dem linken Bein. Nun Po und Rückenansatz, dann den Unterleib und den Bauch bürsten. Den rechten Arm – Ellenbogen besonders gründlich – bis zur Achsel massieren, dasselbe beim linken Arm. Zum Schluß die Schulterblätter, den Nacken und das Dekolleté

**TIP!**

**Kleider machen Leute.**
Nichts ist nach der Entbindung so passé wie die Schwangerschaftsklamotte. Andererseits: Die gewohnte Kleidung paßt auch noch nicht. Gönnen Sie sich eine kleine, neue Grundgarderobe – selbst wenn Sie abnehmen möchten. Denn wer chic gekleidet ist, fühlt sich gleich viel besser. Strick und Stretch sind besonders günstig – sie schrumpfen mit Ihrer Taille. Wer keine Zeit hat, versucht den Kauf einmal per Katalog oder Internet.

massieren, dann sanft die Brüste, die Warzen dabei aussparen.

## 8. Duschen & Haare waschen

Duschen Sie nicht zu heiß, waschen Sie gleichzeitig die Haare mit einem milden Shampoo – aber zweimal, damit es nicht ölig bleibt. Verwenden Sie nur sparsam Seife. Wer's schafft, endet mit einer kalten Dusche.

## 9. Eincremen

Cremen Sie sich liebevoll mit einer Feuchtigkeitslotion ein. Ist Ihre Haut sehr trocken, können Sie mit einem Öl nachcremen – nehmen Sie Weizenkeimöl mit Ihrem Lieblingsaromaöl.

**TIP!**
Besonders pflegend wirken After-Sun-Lotionen. Wählen Sie in jedem Fall ein fettreiches Produkt, damit Ihre Haut extra viel Feuchtigkeit bekommt.

## 10. Gesichtsmassage

Zum Schluß ist Ihr Gesicht an der Reihe: Nehmen Sie Ihre Tagescreme, und massieren Sie sie ein (wie auf Seite 88/89 beschrieben). Machen Sie dabei ein bißchen Beckenboden-Gymnastik. Nehmen Sie überflüssige Creme mit einem Kosmetiktuch ab. Und trinken Sie den letzten Schluck Ihres Drinks.

# Zum Nachschlagen

## Bücher, die weiterhelfen

Mansmann, V., *Total erschöpft*, Gräfe und Unzer Verlag, München

Werner, Monika, *Sanfte Massage mit Ätherischen Ölen*, Gräfe und Unzer Verlag, München

Rüdiger, Margit, *Bauch, Beine, Po*, Gräfe und Unzer Verlag, München

Sichtermann, Barbara, *Leben mit einem Neugeborenen*, Fischer Verlag, Frankfurt/Main

### Bücher zu Kinderthemen aus dem Gräfe und Unzer Verlag, München

Andreae, Ingke, u.a., *Kinder, Kinder – Der etwas andere Ratgeber. Ernährung, Pflege und Krankheiten*

v. Cramm, Dagmar, Schmidt, Eberhard, *Unser Baby – Das erste Jahr*

Voormann, Christina, Dandekar, Govin, *Babymassage*

Stumpf, Werner, *Homöopathie für Kinder*

Keudel, Helmut, *Großer GU-Ratgeber Kinderkrankheiten*

### Bücher rund ums Kochen aus dem Gräfe und Unzer Verlag

*Das große GU Low-Fat-Buch*

v. Cramm, Dagmar, Handschmann, Johanna, *Die family Diät*

v. Cramm, Dagmar, *Richtig essen in der Stillzeit*

v. Cramm, Dagmar, *Kochen für Babys*

## Adressen, die weiterhelfen

Deutsche Gesellschaft für Ernährung, Im Vogelsgesang 40, 60488 Frankfurt/Main

Gesellschaft f. Inkontinenzhilfe e.V., Friedrich-Ebert-Str. 124, 34119 Kassel

Österreichische Gesellschaft für Ernährung, Zaunergasse 1–2, 1030 Wien

Schweizer Vereinigung für Ernährung, Vernstrasse 135, CH-3052 Zollikofen

Arbeitsgemeinschaft der Verbraucherverbände, Heilsbachstraße 20, 53123 Bonn

# Sachregister

## Rezeptregister

## Wellnessregister

## Wichtiger Hinweis

In diesem Buch erfahren Sie, wie Sie als »frische« Mutter möglichst rasch Ihre alte Wohlfühl-Figur zurückerhalten können. Bitte bedenken Sie, daß Sie während der Stillzeit nicht abnehmen sollten, da Ihre Milch sonst mit Schadstoffen belastet wird. Außerdem sollten Sie bei den Übungen beachten, ab wann Sie sie turnen dürfen und generell, ob Ihre Rectusdiastase bereits geschlossen ist. Wenn Sie sich in dieser Hinsicht unsicher sind, fragen Sie bitte vorher Ihren Arzt/Ihre Ärztin oder Ihre Hebamme um Rat.

## Dank

Mein herzlicher Dank gilt Christiane von Saldern, die mich als ausgebildete Krankengymnastin beim Rundum-Turnen kompetent beraten hat. Des weiteren gilt mein Dank Elsbeth v. Staehr, die mich nach der Geburt meiner Kinder bei der Rückbildungsgymnastik anleitete.

## Impressum



Redaktion: Angela Hermann-Heene

Lektorat: Petra Kunze

Versuchsküche: Ursula Bloch

Fotos: Übungsfotos und Fotos des Posters sowie Seite 4: Tom Roch (Styling: Julia Schlotke); Foodfotos und hintere Umschlagseite: Rainer Schmitz (Styling: Rudolf Vornehm); weitere Fotos: Bavaria: Seite 13, 82; Barbara Bonisolli: Seite 85; Christian Dahl: Seite 91; Fotex/EMG: Seite 78/79 (Kevin Hatt); Image Bank: vordere Umschlagseite; Stock Market: Seite 6/7, 15 (Nancy Santullo)

Illustrationen: Birgit Hrouzek

Umschlaggestaltung: independent Medien-Design

Innenlayout: Heinz Kraxenberger

Produktion: Ina Hochbach

Satz: EDV-Fotosatz Huber/
Verlagsservice G. Pfeifer, Germering

Lithos: Fotolito Longo, Bozen

Druck und Bindung:
Auer, Donauwörth

ISBN: 3-7742-2582-6

| | | | | | |
|---|---|---|---|---|---|
| Auflage | 5. | 4. | 3. | 2. | 1. |
| Jahr | 03 | 02 | 01 | 00 | 99 |